做孩子的心理医生

张冰◎著　棒棒堂◎绘

北方妇女儿童出版社

·长春·

目 录

你的孩子为什么不自信？
——自我意识与心理健康

自我否定的小美 …………………………………… 002

"别人家的孩子"的烦恼 …………………………… 006

为什么不能只做自己 ……………………………… 010

内向自卑的佳伟 …………………………………… 014

你的孩子会学习吗？
——学习心理与心理健康

拼命学习的丽丽 …………………………………… 020

作弊得来的"好成绩" ……………………………… 024

变了的爸爸妈妈 …………………………………… 028

苦恼的高宇 ………………………………………… 032

是脑子笨，还是运气差 …………………………… 036

你的孩子朋友多吗？
——人际交往与心理健康

渴望爱的明泽 ……………………………………… 042

难相处的室友 ……………………………………… 046

羡慕恋爱的感觉 …………………………………… 050

什么是朋友 ………………………………………… 054

团结就是力量 ……………………………………… 058

你的孩子为什么总发脾气？
——情绪管理与心理健康

拒绝上学的瑶瑶 …………………………………… 064

隐藏在善意下的危险 ……………………………… 068

晓英破碎的梦想 …………………………………… 072

都是网络和手机的错吗？
——网络使用与心理健康

狡猾的网络骗子 …………………………………… 078

让人无法自拔的游戏世界 ………………………… 082

小小手机里的快乐 ………………………………… 086

孩子的压力你知道吗？
——压力应对与心理健康

性情大变的晓波 …………………………………… 092

"优等生"的烦恼 …………………………………… 096

高三最好的状态 …………………………………… 100

心事重重的莹莹 …………………………………… 104

压力山大的学霸 …………………………………… 108

你真的了解孩子的性格吗？
——人格塑造与心理健康

不美好的宿舍生活 ………………………………… 114

怎么才能让妈妈满意 ……………………………… 118

李华的改变 ………………………………………… 122

讨好型人格 ………………………………………… 126

学会稳定自己的情绪 ……………………………… 130

你的家是孩子的港湾吗？
——家庭关系与心理健康

小超变"坏"了 …………………………………… 136

未来重要，还是我重要 …………………………… 140

多余的小意 ………………………………………… 144

想离婚的妈妈 ……………………………………… 148

辍学打工的小静 …………………………………… 152

你真的能够保护你的孩子吗？
——校园欺凌与心理健康

校园里的"恶魔" ………………………………… 158

被压垮的张凝 ……………………………………… 162

体罚是为学生好吗 ………………………………… 166

被欺负的小盛 ……………………………………… 170

逃不掉的校园欺凌 ………………………………… 174

生命如此宝贵，孩子怎么不珍惜？
——生命教育与心理健康

渴望被爱的小璐 …………………………………… 180

爱而不得的小雪 …………………………………… 184

图书在版编目（CIP）数据

做孩子的心理医生 / 张冰著；棒棒堂绘 . -- 长春：
北方妇女儿童出版社，2024.1
ISBN 978-7-5585-8073-4

Ⅰ.①做… Ⅱ.①张… ②棒… Ⅲ.①青少年—心理
健康—家庭教育 Ⅳ.① G444 ② G782

中国国家版本馆 CIP 数据核字 (2023) 第 222809 号

做孩子的心理医生
ZUO HAIZI DE XINLI YISHENG

出 版 人	师晓晖	
策 划 人	师晓晖	
责任编辑	吴宛泽	
插图绘制	棒棒堂	
开　　本	700mm×1000mm　1/16	
印　　张	12	
字　　数	100 千字	
版　　次	2024 年 1 月第 1 版	
印　　次	2024 年 1 月第 1 次印刷	
印　　刷	三河市南阳印刷有限公司	
出　　版	北方妇女儿童出版社	
发　　行	北方妇女儿童出版社	
地　　址	长春市福祉大路 5788 号	
电　　话	编辑部：0431-81629600	
定　　价	49.80 元	

你的孩子为什么不自信？

——自我意识与心理健康

自我否定的小美

一天，一位妈妈找到心理医生诉说她的烦恼。她的女儿小美是一名初中生，性格内向又有点儿敏感，特别在意别人的看法。这种情况在小美小时候还不太明显，可上了初中后却越来越严重，甚至影响到了学习。

> 我是不是哪里做得不够好？

比如，小美给朋友发微信，对方没回，她便一整天都不在状态，学习也没心思，一直想着是不是哪句话说得不对？小美认为对方不可能不看手机，更不会看不到她的信息。

> 她一定是不想理我！

然后小美就开始仔细回想：自己哪里做得不对呢？是不是说了让对方不开心的话？就这样，一整天过去了，小美什么都没做。

> 我是哪里做错了吗？

　　妈妈看在眼里，又急又难过，怎么安慰小美都无济于事，时间就这么被白白浪费了。妈妈认为朋友也许是看到信息时刚好在忙，想着晚点儿再回复，结果就忘记了。

　　不仅如此，上课时小美听不懂老师讲的内容，下课了也不好意思去问老师。有一次，她终于鼓起勇气去问老师一道题，但是老师说有事儿赶时间，急着走了，小美因此又深深地陷入自我怀疑中。

　　回家之后，小美又哭又闹，甚至说再也不去上学了。妈妈不理解，这有什么好纠结的？回不回微信这么点儿小事值得大伤脑筋吗？上课跟不上老师的节奏不是自己的错吗？这孩子是怎么了，整天哭丧着脸，上了初中以后像变了个人似的，难道这也是青春期的问题吗？

心理咨询师有话说

青春期的孩子的确会表现出很多与小时候不一样的状态。对他们来说，这个阶段最关心的问题就是"我是谁"，而这个问题的答案往往藏在别人的评价与态度中，孩子会根据周围人的态度得出"我是一个受欢迎的人吗""我是一个被喜爱的人吗""我是一个优秀的人吗"等问题的答案。

　　家长要意识到，孩子特别需要得到他人的肯定和认可，他们会在这些肯定中进一步认识自己。如果正向的反馈多，孩子就容易建立起自信、自爱等积极品质；反之，如果负面的反馈多，孩子就容易陷入自我否定、自我怀疑中，严重者还会出现自我毁灭的倾向，这叫"自我同一性"的建立。如果自我同一性没有成功建立，就会出现不确定性，导致孩子的人生无方向、行为无目的，一直活在别人的评价中。

你可以这样做

家长需要明确，青春期不仅是孩子生理上发生巨大改变的时期，更是心理发展的关键期，家长需要了解孩子的身心发展规律，予以正确的引导。

过度在意别人的态度和评价是对自己不了解的表现。家长要帮助孩子认识自己，从了解自己的优点和不足开始，允许孩子有缺点和不足，引导他们接受真实的自己，并喜欢这样的自己。

家长要倾听孩子的需求，理解孩子的情绪。这个时期家长的态度非常重要，给孩子欣赏、鼓励等正向的反馈，可以增强孩子的自信心；反之，一味的批评、否定和打压会让孩子变得自卑，出现自我否定的情绪。

"别人家的孩子"的烦恼

　　小雅是一名17岁的高中生，她从小就被看作是"别人家的孩子"，是父母眼里的骄傲，可她想要的并不是这些，她不想没有选择、事事都被规划。

　　小雅有一个非常强势的妈妈，从小到大，她的妈妈都在以爱她、为她好的名义规划着她的人生：小雅小时候很喜欢画画儿，可是妈妈说女孩子要学钢琴才优雅，每天枯燥无聊的钢琴练习让小雅十分痛苦；小雅喜欢吃甜食，每次点餐的时候都想要点一份糖醋肉，但妈妈每次都以吃甜食太多会让智商变低为由而拒绝。

　　高二选科分班的时候，小雅对文科更感兴趣，而且自己的好朋友也选了文科，但妈妈却认为选理科才更有发展，所以小雅不得不选择了理科。在新班级里，小雅对同学们都很陌生，但她很快认识了一个和自己兴趣相投的女孩子——孟孟。虽然孟孟成绩一般，但她们经常互相鼓励，一起学习。

　　当小雅高兴地把孟孟介绍给妈妈时，妈妈只看到了孟孟一般的成绩，回到家后就警告小雅以后少和这种人交朋友，多和学习好的人在一起。小雅非常伤心，不明白妈妈为什么要这样做……

　　很快，小雅迎来了分班后的第一次月考。小雅想着自己不擅长的理科，听不明白的讲课方式以及妈妈期待的眼神，感到压力特别大，导致第一次月考成绩很差。她是第一次考得这么差，妈妈很生气，认为她上课没有认真听讲。从此以后，小雅的考试成绩一次比一次差，明明自己很努力，但分数却没有提高，她也开始对自己失望了……

从青春期开始大概十年的时间里，是孩子自我意识迅速发展并逐渐转向成熟的关键时期，这一时期他们开始向内探索和思考：我是什么样的？我有哪些优缺点？我的兴趣爱好和未来选择是什么？

这些都是自我发展的标志，这一阶段的孩子开始有自己的主见，想要与众不同，争取生活的自主权。大到对未来的选择，小到穿什么衣服，都希望能够自己做主。

如果此时孩子还处处被家长控制或安排，就会产生强烈的逆反情绪，进而破坏亲子关系，甚至孩子潜意识中会以牺牲自己的学习为代价来证明父母是错误的，即便这种想法存在很大的隐匿性，但这种情绪的爆发也会影响孩子的学业。

你可以这样做

家长要认识到，父母对子女的爱的本质是为了分离，为了让孩子能够在父母爱的滋养下信任这个世界，掌握生存的技能，即使他们以后离开父母，也能独立生存。

既然父母之爱的本质是为了分离，我们就要学会适时地放手，不以爱的名义实施对孩子的全方位管控，要给予孩子充足的成长空间。

孩子对自我的评价在很大程度上依赖自己做事的成功率，如果事事都由家长做主，孩子很难体会到成就感和满足感，甚至得出自己干什么都不行的结论。

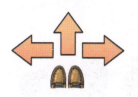

给孩子适当自由选择的机会，才能培养其对自己的人生负责任的态度，教会其为自己的选择负责。

尊重孩子的需要，而不是把孩子当成设定好程序的完美机器，这样才有可能培养出身心健康，富有创造力的人才。

为什么不能只做自己

小莉今年15岁了，在同学们的印象中，她是一个外向爱笑的女孩子，总是对需要帮助的人主动施以援手。

但小莉却有一块"心病"，她觉得自己的付出总是得不到回报，明明自己在友情中总是付出多的那一个，大多时候却还是自己在妥协。小莉希望改变现状，却又怕伤害自己的朋友。

　　小莉觉得班里的女孩子们都白净漂亮，声音好听，人缘也很好，几乎是完美的。反观自己，肤色不黑也不算白，相貌不难看却也不好看，身材不瘦也不胖，家里不算富裕却也不算穷，一切都很平凡。这些"平凡"让小莉觉得有点儿自卑，好像从来没有人关注过自己，喜欢过自己，所以她总是需要付出更多，别人的责怪自己不太好意思反驳，而别人的缺点自己无法忍受也不好意思提出。

她们长得好看，
声音也好听。

　　比如，昨天有个同学责怪自己说话声音大，吵到她了，可在小莉休息的时候那个同学却高声说话，毫不顾忌。这让她觉得有些挫败，她不明白为什么自己要在乎别人的看法，并为之改变，但是别人却可以只做自己，不用顾及旁人呢？

我出去买东西，有
人需要带什么吗？

你说话小点儿
声，吵死了！

　　小莉还特别羡慕别人有很多朋友，而自己的朋友却很少。她很想装作大大咧咧，毫不在意别人的看法，但是她却控制不住去想别人是如何评价她的，会不会觉得她是个自私自利的坏女孩儿……这让小莉无比苦恼。

是我哪里做得不好
吗？还是付出得不够
多？又或者是我并不
适合做朋友？

一个人对自己身心状况以及自己与周围关系的认知叫自我意识，可以划分为"现实我""他人我"和"理想我"三部分。

"现实我"就是目前对自己真实状况的认知，比如我很平凡、我不好看、我学习一般等；"他人我"是指想象自己在别人眼中的样子，比如别人觉得我很小气、脾气不好、不适合做朋友等；"理想我"是指自己想达到的状态，比如我希望所有人都喜欢我、希望自己是一个完美的人、希望别人都觉得我很懂事等。

研究表明，当一个人的"现实我"与"他人我"一致时，就会加速自我认知及自我发展，并会朝着这个方向继续努力，继而成为"理想我"的状态；反之，如果三者之间存在较大差异，甚至冲突，就会引起个体自我评价的不一致，造成内心混乱，严重时还会引发心理疾病。孩子过于关注外界的评价，大多是因为他们的自我价值感低，只有通过满足别人的期待，才能获得安全感。

你可以这样做

作为家长，我们不会希望自己的孩子总优先满足别人的需要，活得委屈且自卑。所以，我们需要反省自己是否在生活中委曲求全，总是试图通过讨好他人来避免冲突或换取关注。

家长要给予孩子无条件的爱，而不是"你只有学习好我才爱你、满足你"或者"你必须懂事听话，我才愿意陪伴你"等，让孩子感受到即使做自己，和别人不一样，父母的爱也永远都不会消失。

家长应该允许孩子表达自我，在不违反社会规则、不伤害他人的前提下，当内心不愿意的时候，可以勇敢地说"不"。

教会孩子每个人都应为自己的情绪负责，而无需背负他人的情绪，对方如何评价那是他的事，我们能做的就是明辨是非，为自己的行为负责，降低对他人的期待。

内向自卑的佳伟

佳伟今年14岁，是一个比较内向，还有些自卑的男孩子。佳伟从小就不爱说话，面对同学时显得十分害羞，也不主动与同学交流。新学期开始了，佳伟面对新的环境与新的面孔，有点儿不知所措，原本就不太爱交流的他不知道如何处理与同学的关系。

在面对同学的请求时，佳伟很愿意伸出援手，同学的感谢让他很开心；但当他自己有事需要同学帮助时，却难以开口，只能自己想办法解决；有时，同学的请求让佳伟很为难，可他却不知道如何拒绝。

不知道为什么，佳伟总觉得自己低人一等，在同学们谈论一些新奇事物时，他更多的是在一旁听着，很少参与到话题中来。

有一次，佳伟的同桌新买了一辆玩具车，主动邀请他一起玩儿，他很开心，悄悄在心底把同桌当成自己最好的朋友。可是今天，佳伟向同桌问一道题时，同桌却冷淡地说他现在没有时间，让佳伟去问别人。佳伟很伤心，好像自己的一腔热忱被践踏了。

老师对佳伟的评价是：他很听话，但好像并不自信，明明很优秀，家庭环境也不错，可是在人群中总表现得好像低人一等，不敢表达自己的愿望和需要。佳伟其实也很想知道，为什么自己那么在乎别人的看法和评价，常常因为别人的一个夸奖就高兴一整天，或者因为一句批评、抱怨就难过好久。

后来，妈妈告诉佳伟要自信。在学校里，老师也对佳伟进行了鼓励，让他勇敢地发挥自己唱歌的特长，主动融入集体。现在，佳伟已经能够在同学们面前勇敢地歌唱，眼神里也充满了自信。

青春期时期，个体的自我意识尚未完全成熟，对自己的认知和评价往往会出现偏差，特别是在与他人所处的环境不同时，孩子们会依据这些外在的环境因素来认识自我。

XX中学

如孩子从小的成长环境、家庭教育支出和接受教育的质量等存在差异；父母对孩子教育的重视程度也存在差异；目前，各地教育基础设施、教育资源等也有一定的差异……在这些差异下，学生之间必定会在思想、学习、生活、才艺等方面有较大差距，有些学生在这种差距的影响下，或多或少会出现自卑感，这种心理的本质是自我认知不足。

你可以这样做

家长要引导孩子加强自我认知，更关注内在的自我力量，准确地了解自己的优势和不足，不因外部环境的差异而妄自菲薄。

家长应告诉孩子，我们成长的环境不同，适应环境本身就需要有一个过程。

引导孩子接纳自己与他人的不同，不用自己的不足与他人的优势相比较。不同的经历只能在经验上带来短暂的差异，只要多接触这些新事物，孩子一定也会迅速赶上。

引导孩子打破自我封闭，拓展生活范围，增加生活阅历，扩展交往空间，以更多元的方式评价自我。

家长的态度很重要，给孩子无条件的爱、鼓励和支持，让孩子感受到，即使全世界都不喜欢我，我依然有深爱我的父母和温暖的家，这种爱能让人拥有一往无前的勇气。

你的孩子会学习吗？

——学习心理与心理健康

拼命学习的丽丽

丽丽今年17岁了，正在上高二的她最近学习压力很大，因为她觉得自己太差了，每次考试都会紧张到手抖。

怎么办？手抖停不下来。

丽丽为了提高自己的成绩，每天早上第一个到教室，课间别人在玩儿的时候她仍然在座位上看书，中午也舍不得午睡，晚上从不敢在12点以前睡觉。丽丽觉得只要付出的时间够多，就肯定能考好。可是这次的月考成绩出来后，丽丽依旧没有考到班级的前三名。回到家后，丽丽将自己关在房间里号啕大哭。

怎么努力都没有用！还是考不到前三……

呜呜呜……

第二天到学校后，同学们在一起讨论成绩，丽丽的好朋友子涵考了第一名，她决定向子涵学习，并观察子涵一天的学习状态：子涵早上来得不是很早，课间也都出去玩儿，而且她每晚最迟11:30睡觉。

子涵为什么能考得这么好？

丽丽想不通，她那么努力，竟然还比不过子涵，她开始自我怀疑：难道我真的很笨吗？回到家后，她开始抱怨爸爸妈妈没有给自己学习的天赋，虽然她知道这不是他们的错，但她只能把不满发泄在最亲近的人身上。

都怪你们，把我生得这么笨！

丽丽开始了更"高压"式的学习，每天晚上读书读到凌晨2点。即使白天在学校昏昏欲睡，她仍强打起精神跟着老师的节奏，这使她整个人看起来憔悴很多。就这样过了一个月，丽丽月考的成绩居然不进反退，朋友们劝她改变这种学习方式，可是她害怕缩短学习时间后，成绩更差。

你别这么拼了。

我一定要比别人更努力才行！

所有人都劝丽丽放松，可是她不知道要怎样去放松，只要看到自己的成绩比别人低，就难过、害怕，希望自己能超越别人。丽丽在自己的房间里贴上"只要学不死，就往死里学"的标语，朋友们说她学得有点儿魔怔了。上课时，丽丽看着老师写在黑板上的字发呆，她很迷茫，不知道还要如何努力……

我到底该怎么办呢？

心理咨询师
有话说

很多家长认为学习成绩就等于自我价值，于是拼命给孩子灌输"只要学习好，就一定有美好未来"的思想。这种价值观的内化导致相当一部分孩子形成了单一的评价体系以及"唯分数论"的倾向，继而忽视了自我的心理成长。

　　更有甚者，还会导致一些孩子产生心理的过度焦虑和对成绩的过度执着，但是耶克斯-多德森定律表明，中等适度的学习动机才是学习效果良好的保证。另外，学习也是要讲究方法以及符合生物节律（生物钟）的，只有这样才能够事半功倍。

知识园地

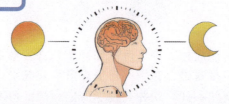

　　耶克斯-多德森定律是心理学家耶克斯（R.M Yerkes）与多德森（J.D Dodson）的心理学研究成果。研究表明，动机强度和工作效率之间的关系不是一种线性关系，而是倒U形曲线关系。中等强度的动机最有利于任务的完成。也就是说，动机强度处于中等水平时，工作效率最高，一旦动机强度超过了这个水平，对行为反而会产生一定的阻碍作用。如学习的动机太强、急于求成，会产生焦虑和紧张的情绪，干扰记忆和思维活动的顺利进行，降低学习效率。考试中"怯场"的表现便是动机过强导致的。

你可以这样做

家长要意识到，每个孩子都有自己擅长的领域，学习并非唯一的出路。对自律性比较高的孩子，不要再层层加码，造成孩子更大的学习压力。

当家长发现孩子的学习动机过强，甚至过于紧张时，应该引导孩子学会适当的放松，如想象放松、肌肉放松、音乐放松等，帮助孩子找到缓解压力的方法。

家长应帮助孩子建立健康的生物节律，保证科学规律的作息，让大脑得到充分休息，学习效率比学习时长更重要。

帮助孩子掌握一些学习方法，如费曼学习法、记忆规律等，这些学习方法能够让孩子有效提升学习效率。

作弊得来的"好成绩"

　　小陈是个胆小的女生，成绩向来优异。她中考时成绩非常好，进入了市重点高中最好的班级。高中知识的学习难度比初中更大，周围优秀的同学也比比皆是，小陈不再突出了，学习开始有些吃力，成绩也在慢慢下滑。

　　一向以小陈为骄傲的父母也开始担心起她的学习，妈妈曾经多次质问小陈"为什么成绩下降了"，还总是严厉地对她讲"不努力学习就不会有好出路"，小陈很害怕看到妈妈一次次失望的眼神。

　　老师最近也找小陈谈过几次话，言语间也非常严厉，似乎在埋怨她没有给班级争光……

小陈太想证明自己了，她想重新回到自己学习的巅峰状态，但越是这样，越事与愿违，她也开始不相信自己了。在一次考试中，面对好几道不会的大题，小陈脑袋里一片空白，思索片刻后，她偷偷拿出手机，打开了搜题软件……

成绩出来的时候，小陈果然排在班级的前列，可她一点儿也不开心，因为她知道这是作弊的结果。更糟的是，这个过程被同学发现了，同学们对小陈冷嘲热讽，对她的行为非常不屑，连带否定了她之前所有的成绩。小陈很想解释，可她的确心虚，只能默默承受别人的挖苦。

在家里，小陈仍是父母眼中成绩优异的好孩子，弟弟的好榜样，她不敢把作弊的事情说出来，只能装作若无其事；在学校，她却坐立不安，在同学们眼中她是一个卑鄙的人，是每个人嘲讽的对象。小陈现在很后悔、很绝望，不知道接下来该怎么办……

心理学中有一个词叫"评价性焦虑"，是指孩子们非常担心别人对自己的消极评价。为了应付这种担心，他们往往会选择做出一些自我保护的行为，比如说谎、作弊等，以此避免可能被消极评价的结果。

在教育孩子的过程中，很多家长过于强调学习成绩，这种单一的评价体系会造成孩子的"唯分数论"。

孩子对分数过于紧张或在意，就会不惜采取作弊的方式来获得高分，这是一种价值观的偏差，本质上与家长和老师的引导密切相关。

你可以这样做

作为家长，要引导孩子正确地看待分数。分数只是检验孩子学习水平的一个手段而已，所以分数本身并不重要，重要的是找到学习中的疏漏和未来努力的方向。

家长不要因为分数大惊小怪，特别是在孩子成绩不理想时，应当耐心地陪伴孩子，找出分数低的原因，给孩子一些安慰。家长的态度会直接决定孩子对分数的看法，不要用你的压力将孩子逼入歧途。

家长应告诉孩子，比起分数，父母更希望他能做一个诚信善良的人，一个人的品格比成绩更可贵。

家长应教育孩子为自己的行为负责，做错事并不可怕，要勇于承担后果，学会道歉。还要记住，一时的捷径可能需要付出巨大的代价，承受痛苦煎熬的情绪也是代价之一。所以，这种代价经历一次就够了。

变了的爸爸妈妈

律律是独生子，家庭条件还不错，备受父母宠爱。在他的记忆中，童年是很快乐的，爸爸妈妈经常给他买各种零食和玩具，还经常带他出去玩儿。他认为，自己拥有世界上最好的爸爸妈妈。

可自从律律上学开始，情况发生了变化。只要他考出了好成绩，爸爸妈妈就会特别开心。要是考得不好，爸爸妈妈就会给他讲一番大道理。因此，在学习上他一直不敢懈怠，成绩也一直保持得不错。

到了高中，爸爸妈妈明确告诉律律，他唯一的目标就是考上一本大学。为了确保他把时间和精力都用在学习上，爸爸妈妈对他的监管更严了：要求他每天按时回家；在家里不允许关上房间的门；在学校交了什么朋友必须要让爸爸妈妈知道；他的课余时间也被各种各样的学习任务安排得满满的。

不可以关房间门。

在学校交了什么朋友？

只要律律一反抗，爸爸妈妈就会说"我们做的一切都是为你好，将来你会明白的""我们知道你学习很累，但是你要克服一下"等。这些话让他很烦躁，可又无力反抗。

你现在的任务就是学习，其他的事情都放一放。

律律知道爸爸妈妈因为一些原因都没能读大学，两个人的内心都充满了遗憾，他们曾经吃过不少苦头，所以深知学历的重要性。他们希望自己的孩子将来能够读个好大学，在社会上立足，少走些弯路，所以在学习方面对孩子的要求特别高，这一切听起来好像也没有错……

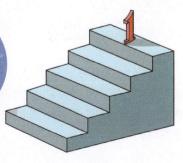

爸爸妈妈都是为我好，但总感觉和原来不一样了……

心理咨询师有话说

父母对孩子在学业上的期待本没有错，可是如果违背了孩子身心发展的规律和特点，就可能适得其反。

　　孩子是一个有血有肉、有思想的人，正是因为这蓬勃的生命力才让孩子有了青春的活力。所以，一味地要求孩子像一台设定了完美程序的学习机器，忽视他内在的心理需求，就会破坏亲子关系。

　　加之青春期的对立违抗行为，极有可能造成孩子和家长的对立，"你越让我学习，为了表明我和你的不同以及对你的不认可，我就故意不好好学习"的例子比比皆是，甚至有些孩子不惜牺牲自己的前程也要表明自己的立场，证明自己是对的。

你可以这样做

家长要帮助孩子确立明确的学习目标，不仅要有长远的终极目标，还要有明确、具体的近期目标。目标实现后马上给予孩子鼓励和认可，形成正向反馈，激励孩子朝下一个目标前进。

孩子在学业上遇到困难时，家长需要引导孩子进行正确的归因。归因是指对行为的解释，比如一次考试成绩不好，不同的孩子就会有不同的归因：自己太笨、基础较差、学习难度太高、运气不好等。而家长应该帮助孩子找到可以调整的归因方式，比如不够细心、不够努力等。

家长要引导孩子在学习中找到成就感和满足感，这些积极的情绪会促进孩子下一次主动去探索，再次体验这些愉快的经历。

家长还要保护孩子的自尊心，不以偶然的失败攻击孩子的人格，抹杀孩子的努力，应明确表达出对孩子努力的认可，不以结果论英雄。

苦恼的高宇

高宇是一名优秀的学生，按时完成作业，上课积极回答问题，每次小考成绩都不错，可是一到期中、期末这样的大考时，他的成绩却总是不理想。

这次又没考好……

他自己急得不得了，妈妈把他带到了心理咨询室。他一脸焦灼地表示，那些题他考试时不会做，但考完马上就能想到解题方法；还有英语单词，平时记得非常清楚，可到考试时头脑就一片空白，什么都想不起来了。

我可怎么办哪？

"老师，你不知道，我坐在那儿，拼命想，冒了一头汗，还是什么也想不起来。我当时都记住了，写作文还用过那个单词呢！老师你说我是不是记忆有问题？我是不是生病了？"我劝了他几句，让他做了三组深呼吸，再详细跟我描述一下考试时候的情景。

吸……

呼……

你别着急，先做三组深呼吸，放松一下。

　　"有一次数学考试的时候，选择题里有一道演算特别麻烦的题。"高宇挠着脑袋说，"我足足做了十五分钟才解出来，终于松了一口气。然后瞥了一眼旁边的同学，我发现他都答第二页了，整整超过我一整面。那一刻我感觉自己的手都开始抖了，脑袋里好像什么都没有了，我在心里劝自己冷静、放松、别着急，可越这样越急，我都快哭出来了。

　　结果后面答题时，我怎么都集中不了注意力，很多题都不会做了。没等我答完，考试时间就到了。等我交完卷子，坐在那里发呆。突然间，那些题的解题方法就冒出来了……

　　"本来我以为这次是自己运气不好，第二次考试的时候就想，可不能像上次一样了。结果，看到第一题我又不会了，这么下去我就完了，肯定完了！"

老师，你说我这是怎么了？

心理咨询师有话说

很显然，高宇遇到的是一种考试焦虑现象。当人的情绪过度紧张，身体的肌肉和全身的状态就会做出一种应激反应，大脑开始分泌肾上腺素，并将其释放到血液中，为"战"或者"逃"提供能量，我们将这种状态称为压力状态。

长期处于压力状态下，人的大脑体积收缩，会导致认知受损。同时，应激激素一旦水平过高，就会杀死海马体中的脑细胞，阻碍记忆与学习。另外，担忧、焦虑等负面情绪会占据大量的心理能量，导致没有足够空间来运行认知活动，就会出现大脑卡顿、空白的现象。

人的大脑在压力状态下会处于 β 波的运行状态，虽然这种波有刺激和唤醒的作用，但它会限制 α 波的数量。研究表明，α 波是平静深思波，是最有利于发挥潜力和创造力的脑波。所以考试焦虑、紧张，除了会引发严重的情绪困扰，还会影响我们的认知发挥。

你可以这样做

家长要了解孩子的身心发展特点，用科学的态度指导和教育，正确看待考试。考试只是对自己一个阶段学习情况的检验，应以平常心来对待。

家长应帮助孩子认识和觉察自己的情绪，识别情绪的来源，并教会孩子如何妥善处理自己的情绪，可以使用腹式呼吸法、想象放松法等方式来缓解情绪。

一味地强调"不要紧张"并没有什么效果，因为我们的大脑会在不要做什么的指令下被反复激活，反而会强化"紧张"。家长要告诉孩子，适度的紧张可以让我们的大脑产生警觉，有助于考试的发挥，不需要把注意力放在如何消除紧张上。

调整认知，特别是家长要降低对孩子的学业要求和高期待状态，不片面地追求高分。要全面培养孩子的兴趣爱好，多点位发挥其特长，增强其成就感。

是脑子笨，还是运气差

　　航航的爸爸和晓燕的爸爸是多年的好朋友，两家一直是邻居。小学时，两个孩子的学习成绩都处在班里的中上等，所以从小他们就一起玩儿，家长也习惯拿两个孩子作比较。

　　上初中后，航航和晓燕不仅又上了同一所学校，还恰巧被分在了同一个班。初一第一学期期末考试后，航航的考试成绩很不理想，语文和英语两科居然都没及格，其他几科成绩也平平，是班里的倒数第十名；而晓燕的成绩却非常好，各科都在90分以上，在班里排第二名。

晓燕第二

97
98

32

航航倒数第十

　　两个孩子的家长得知他们的成绩后，自然又要评头论足一番，航航的爸爸很生气，严厉地质问他为什么考得这么糟。航航委屈地说是老师讲得不好，他根本听不懂，爸爸一听更火大了。

晓燕和你是一个老师教，她怎么考得那么好？

是我的脑子太笨，我听不懂，晓燕比我聪明。

晓燕这边，爸爸妈妈看到女儿考了好成绩，非常满意，齐声夸赞女儿聪明。可是，晓燕自己却高兴不起来，晓燕说，老师出的题碰巧是她前一天做过的，她没有大家想的那么聪明，下次考试也许就没有这么好的运气了。

你们别太高兴了，我不过是这次运气好罢了。

第二学期的期末考试结束后，航航的成绩仍然不理想，晓燕的成绩也有很大退步。航航坚持认为是自己的脑袋笨，而晓燕则认为这次真的是自己的运气不好……

运气用完了……

我真的太笨了！

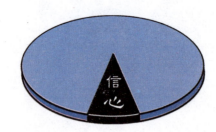

心理学家认为，人们成功或失败后倾向于将原因归结为不同的因素，如能力、努力、任务的难度以及运气等。

故事中，航航和晓燕的归因模式很显然是不同的。能力、任务难度以及运气是不可控因素，努力是可控因素，但是二人都没有把成功或失败归结到努力这个原因上，这就让学业成绩变得不可控，如同我们只能被动地接受结果一样。这样会让我们的信心不足，没有努力的愿望和动力，即使成功也无法带来满足感。

如晓燕，将成绩归因于运气之后，她就不会继续表现出积极的行动力，这叫"成功的消极归因"；而航航把失败归于自己的能力不行，这也是一个不可控归因，而且能力是一个稳定的因素，因此他对未来也失去了信心和动力，这叫"失败的消极归因"。

你可以这样做

家长要对孩子的具体归因模式有所了解，通过平时的观察以及对孩子行为规律的总结，掌握其归因倾向。

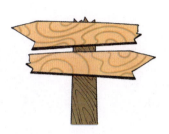

家长应引导孩子对成功和失败进行正确归因。积极归因是把成败归于努力程度或方式方法，归于可控制改变的原因。消极归因是将成败归于自己的能力水平、运气等不可控原因。

家长还要帮助孩子分析任务的性质、难度，然后进行科学归因，避免打击孩子的自信心和积极性，同时避免孩子为自己的懒惰、逃避找借口。

要关注孩子的身心发展需要，不要简单、粗暴地强调学习成绩，帮助孩子分析原因才是有效提高成绩的做法。

引导孩子多从能够改变的因素上找原因，过分强调客观因素会降低孩子的自我努力程度，让孩子更容易迁怒于他人。

你的孩子朋友多吗？

——人际交往与心理健康

渴望爱的明泽

明泽今年18岁了，在文昌中学读高三。在他3岁时，父母就都去国外工作了，他一直寄宿在叔叔家。尽管明泽的父母每年都从国外打一笔不菲的抚养费给婶婶，但婶婶和表弟一直不太喜欢明泽。

明泽的学习成绩在班上一直垫底，他每天都像一具躯壳，从家来到学校发一整天的呆，然后空手而归。能让明泽一直去学校的动力就是他暗恋的女孩儿——刘美英，她是班上的班花，也是学校的文学社的社长。

为了能接近刘美英，明泽经常去文学社打杂。一次偶然的机会，美英和明泽一起路过学校的湖边，正值蒲公英盛开之时，白色的绒球散发着浪漫的气息。美英摘一朵蒲公英，轻轻一吹，二人的思绪如同花绒一般凌乱。那一刻，明泽的情窦盛开，但他又不敢表明自己的心意。

　　明泽下定决心，一定要在晚会上向美英表白。到了周末，明泽精心打扮一番，穿上西装，系上领带，把头发梳成大人模样。到达晚会现场后，明泽的同学赵江齐看到他打扮得如此隆重，很是不解。

　　几分钟后，大家都聚集到晚会舞台上，几个同学用身体摆出"Lover"的字样，排到"r"时少了一个人，他们就把明泽拉了过去。

　　舞台灯亮了，主角江齐手捧鲜花向美英告白。明泽内心祈祷着美英说"不"，但最后一句害羞却清晰的"我愿意"击垮了明泽。他感觉自己就像一个小丑，可笑地活着……

爱，是一种强烈的、积极的情感状态和心理状态，它源于人和人之间的亲密关系或者人和事物之间的深刻联结。爱会带来温暖的吸引、浓烈的热情以及无私的付出，这种情感存在于家庭成员、朋友或伴侣之间。

童年早期个体因爱而获得安全感与满足感，进而得出自己对这个世界的积极态度；反之，爱的缺失会让孩子产生自我怀疑与自我否定，会在青春期阶段因渴望爱而过早寻觅爱、追求爱，甚至错把同情、感谢等情绪误认为是爱。

青春期是生命能量的复苏阶段，个体开始产生对异性的好奇与渴望，这是一件再正常不过的事情，也是每个人生命历程中的必经阶段。不缺爱的孩子会顺利度过这一阶段，理性处理自己的渴望；而缺爱的孩子则会过早沉溺于恋爱，甚至会为抓住这难得的温暖而迷失自我，影响学习。

你可以这样做

家长在面对青春期孩子懵懂的感情时，不能简单粗暴地打击和干涉，要弄清楚孩子内心的需要。这很有可能是因为长期缺爱导致孩子对关爱、温暖的极度渴望。

家长应告诉孩子，爱首先是给予，给予最重要的意义并不在于物质，而是给予他人自己的快乐、兴趣、知识、幽默等。所以，自己要拥有丰富的储备，包括爱的储备、能力的储备。

教会孩子爱是一种能力，需要学习，不是一味地忍让或付出，也不是干涉与控制，爱需要克制。在还没有能力做好这一切的时候，我们应该先修炼自己。

家长应尊重孩子，平等地与青春期阶段的孩子聊聊"爱"，引导茫然中的青少年走出迷雾，正确地看待异性友谊。

难相处的室友

　　小包今年刚上大学，她性格内敛、慢热，不擅长处理人际关系。刚到学校时，室友们都热情地帮小包拿行李，她很感激，也很庆幸自己分到了一个好寝室。

谢谢！

我帮你拿吧。

　　可慢慢地，小包发现室友们并不像表面看起来那么好。其中一个室友总爱模仿别人，小包不喜欢她。但是自小的家庭教育告诉她要与人为善，她也考虑到同寝室的室友可能要相处四年，刚上大学就闹掰了，今后的日子会很难过。小包也曾试着接近这个室友，帮她做些力所能及的事，比如打饭、取快递、倒垃圾等。但对方似乎并没有感谢小包的意思，总是冷冷的，她觉得这个室友就像一块捂不热的石头。

刚才我去取外卖，顺便把你的外卖拿回来了。

哦，放这儿吧。

　　于是，小包与其他室友一起上课、一起吃饭、一起玩儿，她说服自己的理由是，自己不一定非要和每个人都融洽相处，自己舒服就好。

我也不能让每个人都喜欢自己，自己舒服就好了。

　　小包很羡慕大学里的甜蜜情侣，自己也想有一段甜甜的恋爱。室友告诉她，遇见喜欢的就大胆点儿。小包和室友在爱情这个话题上聊了很多，她了解到室友的男朋友对她很好，室友也很爱她的男朋友，小包认为他们会一直在一起。

　　可是突然有一天，室友说她分手了，因为室友家长觉得两个人不合适，室友也觉得男朋友配不上她，所以就分手了。小包对这段感情感到很惋惜，但是她也知道这是别人的感情问题，所以没有多问。

　　可是不到半个月的时间，小包的室友就有了新男朋友，室友经常在熄灯后打电话、发语音、聊视频，小包半夜有时候会被室友吵醒。小包很困扰，但不知道怎么解决，她怕直接说会影响寝室关系。小包不明白室友口中的爱到底是什么，为什么相爱的人分开后会这么迅速地投入到另一段新的感情中？

心理咨询师
有话说

戴尔·卡耐基曾经说过："一个人的成功是多种因素的综合作用，其中专业技能占成功因素的15%，剩下的85%取决于良好的人际关系。"

　　个体逐渐从家庭走向社会，同伴的影响开始上升，并逐渐超越家人的影响，个体对与同伴交往的心理需求也越来越明显。心理健康水平越高的人，与他人的交往越积极，越符合社会的期望，与他人的关系也越深刻。

　　青少年的交往范围主要取决于生活的物理空间和距离，所以寝室关系当仁不让排在第一位。正是因为这种近距离与亲密性，才形成了让人又爱又恨的复杂关系。

你可以这样做

作为家长，不能等到孩子需要同伴交往时才培养他们的交往技能，应该从小鼓励孩子与同伴接触，自觉学习与人交往的技巧和能力。

家长应告诉孩子，寝室中的成员之所以能走到一起，并不是因为你们志同道合，而是一种随机的组合。因此，你并不一定能和你的所有室友都投缘，但也没有必要锋芒毕露。保持与人为善，有礼有节，维护寝室关系的和谐，才能利人利己。

引导孩子正确地表达自己的心理需要，不要一味隐忍与委曲求全，要在不影响他人及社会的前提下保护自己的利益，保持交往的边界。告诉孩子，讨好并不能换来持久、平等的友谊。

作为家长，也可以与青春期中后期的年轻人谈谈恋爱观，帮助孩子树立健康的择偶观与恋爱观，保持人格的独立，不受他人的影响。引导孩子在恋爱中对自己负责，给予对方尊重。

羡慕恋爱的感觉

菲菲今年17岁，是个活泼开朗的女孩子，她在一所重点高中读高三，成绩十分不错。可是，菲菲这几天遇到了一些烦心事。

菲菲发现，同桌小雯最近总是在课间偷偷化妆，还在上课和自习的时候傻笑。菲菲觉得小雯有些奇怪，她想问问小雯，但又不知道怎么开口，但小雯这些奇怪的举动让菲菲有点儿担心。

小雯最近好奇怪。

过了一段时间，菲菲发现小雯奇怪的举动又增加了，平时同小雯放学一起回家的同学都说小雯最近不和她们一起走了。菲菲很担心小雯，于是她趁着课间，犹豫着问小雯。

小雯，你最近是不是发生什么事了？

　　小雯听了之后害羞地笑笑，告诉菲菲她有喜欢的男孩子了，而且那个男孩子也喜欢她，他们在谈恋爱。小雯还神秘兮兮地拿出了一个小盒子，里面是一枚银戒指，她说这是她和男朋友的情侣戒指，上面刻着他们的名字。

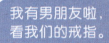

我有男朋友啦，看我们的戒指。

　　菲菲听了之后有点儿困惑，谈恋爱这件事对她来说很陌生，因为她一直专心学习。菲菲从来没有想过谈恋爱，难道谈恋爱就是让人傻笑，让人想打扮自己？她不明白，又有点儿好奇，菲菲想自己或许也可以找一个男朋友试试。

谈恋爱有意思吗？我也想试试找个男朋友。

　　菲菲被自己的想法吓了一跳，理智告诉她这样不行，自己要努力学习，考上向往的大学，不能早恋，否则父母知道了肯定会对她很失望。可是她又对谈恋爱很好奇，她不知道该怎么办……

不行，不行！还是学习最重要！可是我好羡慕小雯能谈恋爱呀……

心理咨询师有话说

青春期阶段，孩子的变化不仅体现在身体上，更重要的是内在生命力量的勃发，这种生命的能量会让孩子产生向外攻击以及探索异性的冲动，会对异性产生好奇。

这是所有个体成长的必经阶段，也是生命发展的规律。所以，家长要理解孩子的心理需要，不要轻易给孩子贴上"早恋"的标签。

高中阶段，男女同学因为共同的话题、相同的兴趣等走得很近，产生懵懂的爱恋，但这并不是洪水猛兽，家长不要简单粗暴地制止、打压，否则会适得其反，激起孩子的逆反心理。聪明的父母会在理解孩子身心发展规律的同时进行科学地引导。

你可以这样做

青春期的孩子会对异性产生强烈的好奇心，但因为缺乏交往技巧，所以不敢靠近。家长应该多鼓励孩子与异性同学保持正常的交往，这种鼓励可以减轻孩子的心理负担。

家长要关注孩子的心理和情绪变化，及时回应孩子的需求，让孩子感受到来自家庭的关爱和温暖。获得充足的爱的孩子不容易向外寻求感情的支持，也更容易分辨友谊与爱。

家长要尊重孩子，特别是面对青春期的孩子，他们想要独立的需求非常迫切，需要被认可、被赞赏，家长的理解和尊重可以更好地培养孩子自尊、自爱、自信的品格。

家长可以与孩子开诚布公地讨论"爱情"，听听他们对此的观点和看法，借机引导孩子树立正确的恋爱观。

教会孩子，在与人交往时，要以健康的自我意识为前提，不为任何人委曲求全，保持人格的平等和独立，恋爱中更应如此。

什么是朋友

小明今年16岁，是高一的新生，来到一个新的环境，他决心向初中那个自卑的自己告别。

新生军训时，小明不再怯生生地躲在一旁，而是勇敢地和新同学聊天，希望可以交到朋友。军训结束的时候，小明交到了很多朋友，受到新朋友的影响，小明不再像以前那样沉默自卑，变得活泼开朗起来，小明对自己的改变很开心。

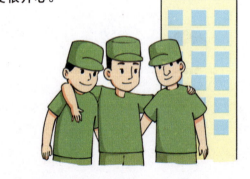

一天，同学A与同学B发生了争吵，A叫了一群伙伴打了B，小明也在其中，他认为自己的行为是"讲义气"。

B被打伤后，小明突然不确定自己做的是不是正确的。小明不认为A是一个坏人，他平时乐于助人、幽默风趣，大家都很喜欢他。再想想B，他平时对待同学总有一种莫名的优越感，高高在上，喜欢吹牛，令人讨厌。这样一想，小明又觉得自己没有错。

后来，老师召开了班会，当着全班同学的面批评了A和B。不管怎样，用打架的方式来解决问题都是不可取的，A和B互相道了歉。从那以后，A和B成了朋友，B也改变了很多，他能够谦虚、平和地和大家相处了。

这件事令小明很困惑，到底什么是朋友呢？打过架也能成为朋友吗？朋友不是应该一直和平相处吗？

青春期以后，孩子的自我意识发展迅速，会在心理上要求摆脱对家长的依赖，渴望独立自主，把家长的教育看成压力和束缚，急于切断和父母的心理联系。

但他们的能力还不足以支持他们在物质上和精神上的完全独立，遇到困难和挫折时又想依赖父母，寻求支持和帮助，于是就产生了对父母复杂而矛盾的态度。

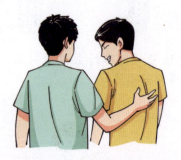

与此同时，同伴的影响日益凸显，甚至超越了父母，同伴的多少和态度决定了孩子对自我的评价，所以，人际关系问题是困扰很多青少年的心理问题之一，影响他们的心理健康水平。通过交往，孩子可以获得支持、理解，内心得到慰藉，提高自信心，增强成就感，缓解内心的苦闷，减少孤独感。

你可以这样做

家长需要明确，孩子的成长并不是只用学业表现来衡量的，心理的健康和人格的完善更重要，这些都需要友谊来支持。

孩子产生人际交往的愿望是心理发展的需要，并不是浪费时间。良好的人际支持可以促进孩子的自我认识，提升自信心和满足感，同样利于学业表现。

引导孩子掌握人际交往的技巧，秉持真诚尊重的原则，与人为善，助人为乐。

让孩子懂得，在处理与人交往的问题时要"求大同，存小异"，尊重每个人的选择，学会站在他人的角度思考问题，努力做到"己所不欲，勿施于人"。

交朋友要有自己的原则和底线，不能毫无判断地帮助朋友。家长要教会孩子为自己的行为负责，明辨是非，伤害他人、违反道德和法律的事坚决不做。

团结就是力量

小华是一名高二学生，他英俊帅气，热爱运动，每次参加篮球比赛都会收获很多关注。最近，学校组织了一场校级篮球比赛，每个班级都要参加。

小华的班级不乏踊跃参与的同学，其中有一个瘦瘦小小的男生，叫小楠。小楠的身材虽然矮小瘦弱，但在篮球场上却十分灵活，技术也不错。进入青春期后，小楠像其他男生一样，希望得到异性的关注，可他既不帅气，也没有傲人的身高，为此他非常苦恼。小楠希望借此机会，吸引异性的注意。

小华作为班级篮球赛的负责人，承担带队训练的任务。可是球队中的同学各有各的想法，让小华很头疼。他们有的希望单打独斗，展现自我；有的甘愿做团队的"绿叶"，默默奉献。小华找到小楠，希望小楠可以做团队的"黏合剂"，活跃场上的气氛，让大家为了比赛共同努力。可是，小楠觉得小华只想利用自己出风头。

小楠，你能不能帮我在比赛中活跃场上的气氛？

我才不要，还不是你想出风头。

为此，小楠和小华产生了矛盾，开始冷战。一直到比赛开始前，两个人还是互不理睬。赛场上，小楠和小华毫无默契，导致配合频频失利，最后输掉了比赛。

小楠，你为什么不传球？

我要自己投篮！

赛后总结的时候，小华复盘了整个过程，觉得为了班级荣誉，应该放下个人恩怨。于是，小华在放学后找到小楠，主动道歉。小楠也接受了道歉，两人冰释前嫌。

我做得也不对，我们一起加油。

小楠，对不起，我们不闹了好不好？一起赢得比赛最重要！

在接下来的比赛中，小华与小楠带领班级团队勇往直前，接连取得胜利。他们默契的配合赢得了同学们的认可，全班拧成一股绳，最终获得了总决赛的冠军。

心理咨询师有话说

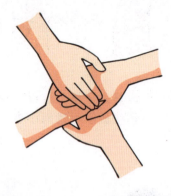

高中阶段处于青年前期，摆脱了初中的幼稚，逐步走向成熟，人际交往的特点开始逐渐向成人化靠拢，由泛泛之交开始向知心好友聚焦，有的朋友甚至能够成为自己一生的挚友。

他们开始有意识地看重三观一致、志趣相投；由于自尊心逐渐成熟，他们越来越看重自己在集体中的地位和形象；男女生之间能够友好、和谐地相处，彼此相互认同。

人际关系的好坏直接影响到个体的心理健康，也影响着学生心理和性格的养成，长期生活在人际关系恶劣、充满冲突和冷漠的环境中，就有可能变得言语谨慎、情绪压抑、性格内向；或是与之相反，出现性格暴躁、易生猜忌等不良性格。所以，要鼓励孩子积极参加各种集体活动，通过活动和同学融洽交往，建立良好的人际关系。

你可以这样做

作为家长，要鼓励孩子在学习之余重视与他人的交往，特别是同伴关系，在人际互动中取长补短、互利互惠、互相学习，不断完善自己的性格。

引导孩子主动与他人交往，比如打招呼、邀约一起学习等，得到对方的积极回应后，可以积累成功经验，增强自信。

家长本身也要学习人际交往的技巧，与人为善，宽以待人，给孩子做好示范和表率。

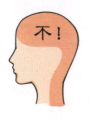

告诉孩子，多记住对方的好处，忽略对方的不足，不要总是活在挑剔和怨恨中，避免精神内耗。

在与人交往时有礼有节，既要尊重对方，也要保持自我的边界，不要为了迎合他人而委曲求全。

你的孩子为什么总发脾气？

——情绪管理与心理健康

拒绝上学的瑶瑶

瑶瑶是高中二年级的学生，初中时她的成绩很好，经常考第一名，升到高中后考试成绩也不错，排在全年级第十三名。因为瑶瑶的学习成绩优异，老师决定任命她为团支部副书记。

你的学习成绩不错，做团支部副书记吧。

可瑶瑶觉得团支部副书记没有实权，很不满意，回到家就大发脾气，摔坏了自己的手机和闹钟，哭闹了两个多小时。在此后的几个星期里，瑶瑶都萎靡不振，既不和父母说话，也不和班上的同学说话；老师主动和她说话她也不理。后来，老师也再没找瑶瑶说过话，她因此更愤愤不平，指责老师和同学们都排挤她，放学回家后总是找碴儿哭闹。

瑶瑶，午休跟我们去打羽毛球吧！

哼！

瑶瑶的学习也因此受到影响，期中考试时她的成绩大幅下降，竟然排到了班级第九名。瑶瑶回到家后提出让父母给她转班，说她讨厌这个老师，都是因为老师导致自己的成绩退步。

妈妈，我不喜欢这个老师，你给我转个班吧！

　　父母拒绝了瑶瑶的要求，之后，她便拒绝上学，在家上网。第一次拒绝上学那次，瑶瑶三天没有上学，但她还能在家里看看数学和英语，并表示回学校后能够追上那些"笨蛋"。

我就是不上学，也能很快追上那些"笨蛋"！

　　可是随着功课越落越多，上学后的瑶瑶发现自己居然听不懂老师的讲课内容，跟不上老师的思路了。于是，她决定在家自学。又过了一段时间，瑶瑶发现自己在家学不进去，于是，又上了两个星期学。但她一旦在学校碰到一点儿不顺心的小事儿，就又立刻躲回家里。

真烦，都听不懂，不想上学……

　　一年以后，瑶瑶变得不敢出家门，一到楼梯口听到有脚步声，便吓得心慌气短，赶紧返回家里。有一次，班主任老师带着几名同学来家访，瑶瑶躲避不及，就藏在了餐桌下，死活不肯出来。此时的瑶瑶完全拒绝上学，选择在家中上网、看电视，不再学习，也不补课，不允许任何人以任何理由在她面前说"上学""学习""考试"等词汇。如果不小心提到这些，瑶瑶便会大闹一两个小时，连续一天以上拒绝进食，还会摔坏许多东西……

我不要出去！

心理咨询师有话说

情绪是大脑对外界刺激的一种自动的、生理的反应，由大脑的边缘系统产生。一般来说，在青春期以前，人类的边缘系统就已经发育完成，所以孩子感知情绪的能力并不比成年人弱。

但我们却看到青春期阶段的青少年在情绪的表现强度上要远远超过成年人，这是因为青春期阶段大脑的前额叶皮质尚未发育完全，而这个区域相当于人体的"司令部"，负责抑制冲动、做决策等，而成年人的这部分发育得更完善。

当一个孩子与一个成年人处在同等愤怒的情况下，孩子往往表现得更冲动、更不可控，这是由大脑发育的特点决定的。所以，家长了解了孩子的身心发展特点，就更能理解孩子。

你可以这样做

家长要了解孩子的身心发展特点，掌握孩子成长的规律。每个阶段都有特定的表现形式，不能简单地用成年人的视角要求孩子。

情绪的产生受生理因素的影响，除了上面提到的大脑发育区域的不平衡以外，还受神经递质分泌状况的影响，有一些生物性因素导致的神经递质分泌异常可不是单纯的几句"想开点儿""高兴点儿"能够缓解的。

家长可以陪伴孩子多做一些运动，运动能促进钙质的形成，刺激多巴胺分泌，而多巴胺能让人兴奋，提升积极情绪的感受。

除了生理因素，人们对外界事件或刺激的解释也会影响情绪的体验。比如，当有人在学校对着你笑，如果你认为这是善意的、友好的，就会产生积极愉悦的情绪；如果你认为对方在嘲笑自己，则会引发愤怒的情绪。所以，家长要引导孩子积极、正向地解释周围的环境。

隐藏在善意下的危险

贺樱今年高三了，她自认为和父母的生活和谐幸福。可在一天放学回家后，父母一脸严肃地坐在餐桌前，贺樱很是不解。父亲对贺樱说母亲怀孕了，并说二人已经决定将孩子生下来。

贺樱听后十分生气，明明自己也是家庭的一员，为什么自己是最后知道的？伤心欲绝的贺樱跑回房间，她将门反锁并立即戴上耳机，屏蔽门外父母的声音。

贺樱听着耳机中舒缓的音乐，试图让自己平静下来。这时，手机的提示音打断了音乐。贺樱打开手机，是一条网页消息。心情低落的贺樱急需向人倾诉，便鬼使神差地点进了网页。

进入网页，立刻有人给她发了消息："你好，你是有什么烦心事吗？"贺樱原本平静下来的心情又掀起了波澜，阵阵委屈涌上心头，她立刻将自己的心事告诉了对方。消息发过去后，贺樱自嘲地笑了笑。

应该没人会在意我的情绪吧……

令她没想到的是，对方立刻回了消息并表示理解贺樱的处境。贺樱积攒的委屈终于爆发。那天她和对方聊了很久……从那以后，不管发生什么有趣的事，碰到什么有趣的人，贺樱都会第一时间和对方分享，而对方也总能第一时间回复。贺樱无数次地和对方说希望见一面，对方却一直以工作忙推脱。

我们见一面吧！

工作忙，有机会的吧！

直到有一天，对方终于发来了：见一面吧，地址是……。晚自习时，贺樱偷偷跑出了学校。贺樱到达约定地点时，天已经完全黑了下来。对方发来消息说晚点到，贺樱便坐在台阶上等候，可她没注意到的是：黑暗中，有一双眼睛死死地盯着她……

青春期阶段的孩子精力充沛，对事物充满好奇和热情，情绪和情感反应强度大、爆发性强，往往一点小事就会引起他们强烈的情绪反应，表现较为激烈。

这种以情绪表现为形式的生命能量不会无缘无故地消失，势必会转化成其他能量，比如向陌生人的宣泄。特别是得到对方积极的回应后，他们就会冲动地觉得遇到了真正理解自己的人。

人类内心深处充满矛盾，心里的想法、情绪、冲动既怕被人看见，又渴望被人看见，所以就会产生如案例中贺樱所表现出来的对陌生人的轻信。当被情绪控制时，个体的意识活动范围缩小，理智分析能力受限，自我控制能力减弱，很有可能因为自己的冲动行为而遭遇危险。

你可以这样做

作为家长，要了解青少年情绪的特点，在选择和孩子沟通和交流重要事件时，要考虑孩子的接受程度。

家长要表达对孩子情绪情感的认同与尊重，特别是家庭整体的决定，一定要优先考虑孩子的意见。暂时不能统一思想时，也要给孩子消化和处理情绪的时间。

争取成为孩子情绪的容器，给孩子倾诉和表达的机会，允许孩子提出反对意见，心平气和地进行沟通，切记冷漠无情或高高在上。

营造温暖的家庭氛围，引导孩子分辨是非曲折，提高自我保护意识，不要轻信陌生人提供的情绪价值。

关注孩子的情绪变化，一旦发现异常，要与学校和老师及时沟通配合，形成合力，保障孩子的生命安全以及身心健康。

晓英破碎的梦想

晓英是一名高三学生，成绩一直名列前茅，她的妈妈是她们学校的英语老师，爸爸是一位商人。在她初二的时候，爸爸妈妈因为常年聚少离多离了婚，从初三到高三，晓英一直跟妈妈一起生活。

每天早晨，妈妈都早早起床为她做可口的早餐，从来都不抱怨辛苦。为了带动晓英锻炼身体，妈妈坚持每天早晨与女儿步行去上学。每个周末，晓英都会去爸爸家待一天，爸爸和他现在的妻子对晓英很好，会带她出去玩儿，吃好吃的。

晓英喜欢拼乐高，可高三这么重要的阶段，妈妈怕她浪费时间，不允许她玩儿。所以每个周末，她都会偷偷跑到爸爸家拼乐高。

爸爸给你买了新的乐高。

谢谢爸爸！

一个周末，她带着妈妈辛苦为她做的燕麦粥去爸爸家，由于玩儿得很开心，晓英忘记吃妈妈做的粥。爸爸的妻子问她这是什么，晓英说如果阿姨不介意的话，可以尝尝这可口的粥。

此时晓英正玩儿着乐高，爸爸在厨房做饭。妈妈赶来给晓英送作业，碰巧看到了眼前这一幕——客厅里摆满了乐高，她的粥正在被另外一个女人享用，妈妈气坏了。

妈妈越说越气，把晓英拼的乐高摔在地上，晓英哭着夺门而出。从此以后，晓英虽然再也没有碰过乐高，可是高考成绩却不尽人意，她没能实现妈妈的梦想，也没有实现自己的梦想。

心理咨询师有话说

情绪是人对客观事物的态度体验及行为反应，与主体的需要是否被满足有关。需要被满足时就会产生积极情绪，需要受挫时就会产生消极情绪。

　　根据发生的强度、速度和持续时间的长短，可以将情绪分为心境、激情和应激。晓英的父母虽然离婚了，但是她一直被父母关爱着，她的需要也都被积极地满足和回应了，所以晓英一直处于积极的心境中，成绩一直不错。

　　但妈妈摔坏乐高这件事引发了她委屈、不满和勃然大怒等生理唤醒水平较高的激情状态，使她暂时失去理智，产生冲动行为，甚至将这种情绪转化成了一种消极对抗的心境状态，影响了学习。

你可以这样做

家长要认识到，情绪状态与一个人的心身健康有密切关系，积极情绪不仅能让人更健康，也能促进社会功能的圆满实现；而长期消极的情绪会影响人的身体健康，还会消磨一个人的意志。

情绪也有激励作用，一件事能够给我们带来愉快和喜悦时，就会激发我们以相同的行为继续某种行为的动机和热情。所以，培养孩子的兴趣爱好并不是浪费时间，而是对孩子学习的促进，特别是在孩子学业紧张的时候，允许孩子左右脑交替使用，反而能提升学习效率。

在青春期阶段，父母的情绪稳定、平和可以让亲子关系更加稳固，让孩子更加自信、专注，从而提升学习效率；反之，一旦孩子在情绪上与父母对抗，即使父母的出发点再好，也很难得到孩子的认同。

青春期阶段的孩子由于知识水平、认知能力以及大脑发育的特点，对自己情绪的管理能力还比较弱，容易冲动，不计后果。所以，家长要耐心引导、科学对待，而不是简单粗暴地硬碰硬。

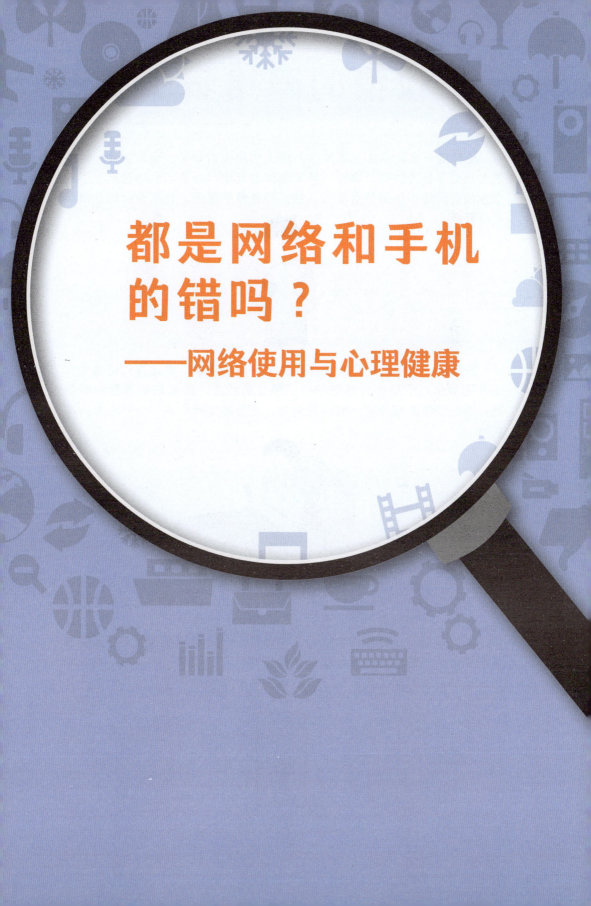

都是网络和手机的错吗？

——网络使用与心理健康

狡猾的网络骗子

　　小孙是一名高中生，喜欢在网络上和朋友们聊天、玩儿游戏。他经常在社交平台上发帖、评论，与其他网友互动。后来，小孙喜欢上了一个在社交网络中认识的女孩儿，他们开始频繁聊天，分享彼此的生活和兴趣爱好。

　　渐渐地，小孙对这个女孩儿产生了深深的依赖，他觉得只有这个女孩儿理解他。小孙把父母的争吵、学业的压力、同学的冷漠都讲给她听，遇到任何事都想第一时间告诉她，甚至想等自己大学一毕业就向她求婚……

　　然而，小孙并没有意识到网络社交的风险。女孩儿告诉小孙，自己的家庭情况不好，爸爸务农，但是体弱多病，妈妈最近被查出患了白血病，急需一大笔钱做手术。女孩儿说自己不想上学了，打算去打工，赚钱给妈妈看病。小孙很同情女孩儿的遭遇，一边劝说女孩儿不要轻易放弃学业，一边把自己的零花钱都转给了女孩儿。小孙知道自己这点儿钱远远不够，就打起了歪主意，偷偷从爸爸的银行卡里给女孩儿的账户转了3万元。

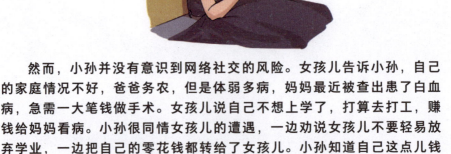

我妈妈需要一笔手术费，我想去打工。

不能不上学，钱的事我想办法。

女孩儿说她很感动，想与小孙见面。小孙很兴奋，为了这次见面准备了很久，买了新衣服，还准备了礼物。见面这天，小孙紧张地等待着女孩儿的到来。但女孩儿却一直没有出现，小孙打电话给她，但是电话一直处于无人接听状态。

小孙非常失落，他开始怀疑这个女孩儿是否真的存在。几天后，小孙发现爸爸的银行卡账户被盗了，里面剩余的2万多元也被转走了。这时小孙才意识到自己被骗了，报警后，他得知这个女孩儿是个网络骗子，经常利用社交网络上的虚假身份骗取青少年的感情和信任。

这是个骗子，你被骗了。

网络骗子

她怎么会是骗子呢？

小孙在那一刻觉得自己好傻、好愚蠢，他感到非常失望和愤怒，同时也意识到网络社交中充满了陷阱，以后得更加谨慎地使用社交网络，不能轻易相信陌生人，更不能相信网络爱情。小孙用自己的真实经历向身边的朋友们宣传网络安全知识，希望能够避免更多人受到网络骗子的伤害。

提高网络安全意识，不要轻易相信陌生人！

呜呜呜……

心理咨询师有话说

目前，互联网已经成为青少年学习知识、获取信息、交流沟通、休闲娱乐的重要途径，如何引导其正确合理地利用互联网是社会、学校和家庭共同面临的问题。

青少年的价值体系尚未搭建完成，人生经历比较匮乏，面对互联网海量资源的开放以及虚拟世界的隐蔽等特点，往往很难辨别真伪。特别是当青少年本身有很多内在的心理发展需求没有得到满足，网络上又"刚巧"遇到时，极易深陷其中，难以自拔。

比如家庭的温暖和爱的缺失，成长中未能解决的困惑、焦虑、抑郁等负面情绪无处宣泄等。案例中的小孙就是因为这类情况而被网络骗子所利用，并为此付出了惨重的代价。

你可以这样做

家长要明白，在当今社会，想让青少年与互联网"绝缘"是不可能的，也是没有必要的，家长需要根据孩子的身心发展特点正确引导孩子健康、安全地使用网络。

孩子的成长不可能做到像设置好的程序一样只高效地在学业上运转，关注孩子的情绪往往可以促进他们的学业发展。反之，忽视孩子的心理需求，很可能事倍功半。

家长还要重视孩子的价值观导向，想要帮助别人没有错，但要根据自己能力的大小量力而为，尤其不能用"偷"的方式来实现，遇到困难要及时求助家长，让父母成为孩子永远的支持。

让人无法自拔的游戏世界

　　小阳是一名初中生，他从小就是一个非常聪明的孩子，成绩一直在班里名列前茅。但是，小阳性格内向、胆小，很少和同学交流，总是沉浸在自己的世界里，不知道如何与他人相处。外表的独立和内心的孤独形成了鲜明对比，小阳很渴望能够变得更加出色，成为众人关注的焦点，可是现实中的他却毫无存在感，经常被当作透明人。

怎么才能让大家关注到我呢？

　　一次偶然的机会，小阳接触了网络游戏，他被这样一个新奇的世界强烈吸引。在游戏里，他可以化身为一个无所不能的战神，打败所有的敌人，这让他感受到了一种前所未有的自信和满足感。同时，游戏里有无数人对小阳顶礼膜拜，希望和他组队。小阳成了游戏里的英雄，享受着众星捧月的优越感。

成为英雄的感觉真好！

　　为了巩固自己在游戏中的地位，也为了让自己更加强大，小阳不停地打怪、升级，在游戏世界里越陷越深。小阳一有时间就想拿起手机，打开游戏，即使上课没有手机，他也会在脑海里重现游戏画面，反复琢磨战斗技巧。

这里这样打会更好！

　　小阳越来越沉迷于游戏，开始放弃了学习和社交，他的游戏级别越来越高，可学习成绩却越来越低。

　　家长的批评、老师的劝诫小阳都无动于衷，同学的疏远、学习的力不从心也让他越来越想躲进虚拟的游戏世界中。在那里，他有至高无上的荣耀，有数不胜数的粉丝，还有一群"志同道合"的朋友。

还是游戏世界好！

　　小阳觉得自己在游戏里无所不能，甚至开始享受虚拟世界毫无节制的暴力、放纵以及对弱者的欺凌，但是回到现实世界，短暂的满足感过后却是更深的空虚。老师、家长失望的眼神，同学嫌弃的表情一次次刺痛着小阳，他想改变还来得及吗？

这样的生活真是我想要的吗？

随着社会的不断进步，青少年对网络的使用越来越普遍，而青春期阶段青少年的认知水平、行为能力、意志力发展尚未成熟，面对虚拟世界中海量信息的诱惑，很容易丧失理智，沉迷其中。

有些孩子在现实世界中存在处处碰壁、家庭没有温暖、亲子关系不和谐、人际环境紧张压抑、自我价值感无法实现等现象。这时，一些孩子就会寄希望于网络世界，一旦在游戏中找到温暖、回应、共情和成就感、满足感的时候，就不愿意出来，宁愿牺牲现实利益，也要躲在网络游戏中。

网络游戏的开发商们为了迎合青少年需要，设计的游戏模式恰到好处符合了个体被认可、被鼓励、追求正向反馈的心理需求。相较于学习，游戏获得的快感更容易使青少年满足，几个月的学习，只能在考试中获得成就感，但在游戏中，只需要十几分钟便能给他们带来快感与满足。

你可以这样做

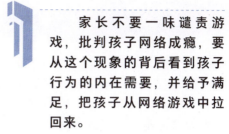

家长不要一味谴责游戏，批判孩子网络成瘾，要从这个现象的背后看到孩子行为的内在需要，并给予满足，把孩子从网络游戏中拉回来。

孩子之所以容易被游戏吸引，是因为游戏有一种强烈的体验感，让人可以体验不同的角色。家长可以为孩子提供更多更高质量的陪伴，带他去探索真实世界的各种体验，满足孩子成长的兴趣和好奇心，帮助孩子建立与真实世界的连接。

游戏给我们提供的是一种即时反馈和奖励机制，只要能够完成一项任务，就会得到奖励和认可。一味打压和批评并不能赢得孩子的心，鼓励和认可才是孩子的本质需要。

用温暖和尊重赢回孩子，首先需要处理好亲子关系，帮助孩子树立短期和长远目标，找到游戏以外的兴趣和特长，鼓励孩子多结交朋友，获得真实的人际温暖。

小小手机里的快乐

晓兰18岁了，正在读大一。她的老家是农村的，爸爸妈妈在外地打工，一家人生活很拮据。晓兰买不起昂贵的高铁票，每次上学都要自己扛着很多行李，早早到村外的车站等车，然后再坐着比高铁慢几十倍的绿皮火车去上学。

晓兰每个月的生活费只有500元。但晓兰知道家里生活负担已经很重了，除了好几千的学费，这500元对她的家庭来说已经是一笔不小的负担了，所以她努力减少各种不必要的开销，几乎放弃了所有社交。

晓兰，周末跟我们聚餐吧！

不了，我周末有事。

虽然晓兰觉得自己很孤独，但每次父母问她在学校过得怎么样，晓兰都会强撑微笑，告诉家人"我很好，不用担心"。可结束通话后，晓兰却会偷偷抹眼泪。

晓兰，在学校怎么样呀？

我很好，妈妈。

　　偶然一次，晓兰在网上的一个读书交流群里认识了一个朋友。她们交流甚欢，志趣相投，晓兰终于体会到了久违的友谊带给她的快乐和满足。于是每天晚上，晓兰都会和这个朋友聊到很晚，聊自己的家庭、自己的生活和自己的失意……甚至上课时也总忍不住打开聊天软件，看对方是否在线。

　　得知对方喜欢玩某款网络游戏，晓兰也偷偷操练，希望能与对方有更多话题；得知对方最近在追哪部剧，她也没日没夜地去追，唯恐让对方嫌弃自己无知。她还学会了很多网络新词，学会了网上购物，甚至沉迷于网络交友，似乎只有这些才是她快乐的来源，能让她暂时忘记生活的贫困，忘记自己的胆小自卑，忘记在现实生活中的孤单。

网络世界真好！

　　老师、家长、同学都劝晓兰不要沉迷手机，应该多去外面走走，多和同学聊聊。可只有她自己知道，那台小小的手机才是她唯一的快乐来源，她一刻也不愿放下，只有那个虚拟的世界能给她真实的温暖，没有人懂她，也没有人明白……

除了网络，谁又能明白我呢？

发微信、看视频、刷资讯、打游戏……虽然每个人使用手机目的不同，但我们都有一个共同点，就是越来越依赖于手机。

　　在手机为生活、工作、学习等带来诸多方便的同时，过度使用手机也给人们的健康带来多种不良影响。成年人尚且难以自控，青少年更加容易沉迷。

　　但同时我们也要看到青少年过度使用手机的心理需求，如上述案例中的主人公晓兰。现实世界的她没有归属感，也很少参与人际交往，所以她转向网络，试图在虚拟世界中的寻求情感互动。网络游戏让青少年更容易得到成就感和满足感，弥补现实世界的缺失，这也是符合"需要层次结构"的。

你可以这样做

家长不能简单粗暴地禁止孩子接触网络，这在现代社会是不可能的。网络是中性事物，要在引导孩子培养良好的网络习惯上下功夫。

家长要以身作则，起到榜样示范作用。简单粗暴的"控制"效果并不好，家长要走进孩子的内心，增强交流，了解孩子的心理需求，增进亲子互动，以更有趣的亲子活动赢得孩子。

与孩子共同商定网络使用规则，严格遵守网络使用公约，同时培养孩子广泛的兴趣爱好，让孩子在现实世界实现自我价值。

维护和谐的家庭氛围，让爱在家庭中流动，让孩子感受来自家庭的温暖。同时帮助孩子掌握人际交往技巧，结交更多现实世界的朋友，建立真实的人际互动。

孩子的压力你知道吗？

——压力应对与心理健康

性情大变的晓波

晓波今年18岁了，他从小学习自觉，活泼开朗，热爱体育运动，乐于助人，待人谦和有礼，邻居常常将他作为自家孩子的榜样。上了重点高中后，父母更是以他为荣。

为了在高考时取得好成绩，晓波放弃了很多业余爱好，篮球场上、乒乓球室里、操场上，再也看不到晓波青春飞扬、肆意奔跑的身影，取而代之的是每天厚厚的习题册，各种纷至沓来的试卷像大山一样，压得他喘不过气。

尽管每天被繁重的学业压得喘不过气，晓波的成绩依然名列前茅。但是随着考期临近，他出现了一些反常行为，开始失眠、食欲下降，最奇怪的是他上厕所的时间明显长了，有时候在卫生间里半个小时都不出来。父母看在眼里，急在心上，却无可奈何。

我要去厕所。

　　除此之外，晓波还变得性格孤僻。比如某一天，和他从小一起长大的表妹来找他玩儿，他打开门只喊了一句："别打扰我！"就重重地把门关上，气得表妹哭着回了家。晓波心里也十分难过，郁闷压抑的情绪堵在胸口，让他随时想爆发，他感觉自己好像要被撕碎一般，却不知道如何缓解。

　　还有那天在学校，晓波为了一道数学题和同学吵得不可开交，他甚至说出了很伤人的话。回家后，内疚和懊悔像虫子一样噬咬着晓波的心，他躺在床上翻来覆去，怎么也睡不着。

　　晓波想起小时候快乐的时光和过去阳光开朗的自己，想到父母的期许和老师的夸奖，他想找个人说一说，却不知道该找谁，于是陷入了迷茫……

心理咨询师有话说

青春期阶段，面对繁重的学业及未知的将来，很多孩子会感到紧张、焦虑，加之应对压力情境的能力较弱，就会产生比客观事实更加夸大化的评估。比如觉得一旦成绩不好就意味着考不上大学，找不到工作，甚至无法在社会上生存等。

压力虽然与客观事件有关，但压力对于不同人的影响更多取决于个体对压力事件的认知态度。

压力状态下，个体的生理、心理都会表现出相应的反应，生理反应主要体现在免疫系统、内分泌系统、中枢神经系统上，表现为心跳加速、血压升高、呼吸急促、免疫力下降、腹泻、呕吐等；心理反应则体现在情绪、注意力、思维上，表现为自我评价降低、自信心减弱、暴躁易怒、消沉沮丧、冲动攻击等。

你可以这样做

家长要意识到，孩子出现的生理、心理症状很有可能是由压力引起的，找到压力源才能真正有效地处理这些问题。

引导孩子客观地看待学业期待与自身能力的关系，结合自身实际情况调整学习目标。

告诉孩子看到情绪背后的某种需要，比如愤怒可能是对自我的不满意；暴躁是自信心不足的表现等，让他们尝试正向表达自我的需要。

教会孩子使用一些具体方法缓解压力，如腹式呼吸法、想象放松法、音乐放松法、注意力转移法等，及时缓解和释放压力。

帮助孩子建立一套社会支持系统，在遇到压力或挫折时，能够找到参照系，并从他人身上获得支持。

"优等生"的烦恼

泽浩是一名14岁的男孩儿，性格温文尔雅，琴棋书画样样精通，从小就是大人口中"别人家的孩子"，可他的内心却十分敏感。

泽浩每天的生活都很充实，一大早就被妈妈叫醒去背诵古文，吃完早饭，爸爸开车送他去上学，在车上他需要听爸爸提前准备好的英语听力，晚上放学回到家，泽浩还要练两个小时的琴。就这样周而复始，为了不辜负父母的期望，泽浩从不敢懈怠。

在学校，老师经常在同学们面前夸奖泽浩，说他学习优异还有很多特长，这让同学们十分羡慕。但是，一些嫉妒泽浩的同学会偷偷说他的闲话，泽浩表面上毫不在意，但心思细腻的他却很难不去留意。

　　随着学习压力的增加，泽浩感到疲惫不堪，早上在去学校的路上，他时常会在车上睡着，上课的时候也经常无精打采。有一天，他终于坚持不下去了，但父母却对他说："吃得苦中苦，方为人上人。"泽浩想不明白，为什么父母要强迫他坚持，高强度的学习已经把他压得喘不过气来了。

爸爸，我好累呀！

坚持一下，吃得苦中苦，方为人上人。

　　这学期的期中考试泽浩从班级第二名降到了班级第十二名。回到家后，爸爸妈妈质问他："这是你应该有的水平吗？"泽浩非常难过，但他不敢反抗，他觉得自己承受了太多，却无能为力。

对不起，妈妈，这次考试没考好。

这次怎么回事？这是你应该有的水平吗？

　　到了期末考试，泽浩成绩再次下降，从班级第十二名降到了第二十名。他感受到了来自同学和老师的议论，父母的期盼、学习的压力、同学们的嘲讽，一股脑儿地向泽浩涌来。回到家后，他忍不住哭了出来，他怎么也想不明白，人活着为什么这么累？为什么要承受这么大的压力？

我太累了！我真的坚持不住了！

很多家长认为，严格要求是为了让孩子以后能够取得好的学习成绩，考上好的大学，找到好的工作，取得"成功"！

但是这种高强度、高压力的状态往往违背了孩子成长的身心发展规律，把孩子变成了麻木的学习工具，忽视了他们内心的情感需求，也造成了孩子的盲目和茫然。

学习本应是解锁许多新知识、新技能，让我们在其中探索成就感，找到愉悦感的过程，把自己的努力与祖国、世界相联系，形成自己的使命感，让学习成为一件由内驱力推动的自发活动。但是，现在的孩子在高紧张度、低体验感的状态下，很难爱上学习，更别提发展出创造力了，这样的孩子真的是我们想要培养的吗？

你可以这样做

家长要知道，压力与学习效果并非直线关系，并不是每一分钟都需要充分利用。人生中很多必要的留白，可以增强孩子的心理弹性，而松弛的状态才有更大的创造性，特别是面对重要的考试，心理素质往往会起到关键的作用。所以，家长要先松弛下来，允许孩子有适当的松弛以及自主支配的时间。

调动孩子的内驱力才是长久之计，和孩子共同探索学习的意义，让他们把自己的努力与更多人以及更广阔的视野联系起来，培养孩子的使命感。

孩子不是机器，是有血、有肉、有温度的人，有对情感的需求，家长不能只提要求而不关注孩子的内心感受。家长可以每天找一个时间，和孩子聊聊他的喜怒哀乐，走进他的内心世界，让他感受来自家庭和父母的关爱，用爱滋养，才能塑造更坚韧的品质。

高三最好的状态

有一次，一个学生给我讲了她的故事：

在高强度的学习状态下，高中生很容易焦虑、抑郁。我不是"妈宝女"，但我很羡慕别人能和自己的妈妈那么亲密无间，无所不谈。

她们怎么什么秘密都能和妈妈说？

我从初中开始就住宿，这是我自己的选择，因为我真的不想被爸妈管着。我基本上不会打电话回家，初一办过电话卡，三年来只用了三四次。我不会跟爸妈分享我的生活，也不愿意和他们吐露心声，因为我觉得他们不会懂我。

他们不懂我想要什么，说了也没用。

直到离高考还有不到两个月的时间，那时候可以说是我高三低谷期里最低谷的时候，我的所有科目节节退步，再加上每天不足五个小时的睡眠，严重的睡眠不足和压力让我几近崩溃。

压力太大了！

那是我第一次和我妈讲起自己的经历，我边哭边说："妈妈，我考不上大学怎么办？"我妈竟然丝毫没有犹豫地说："考不上我们就养你呗！"

那一刻，我终于发现，原来一直以来，压力都是我自己给的，我爸妈最大的期望就是我能健康成长。仔细回想，这么多年来的确如此，我妈从来没有因为我的成绩不好而骂过我或者对我失望，我说自己压力太大完全学不下去的时候，我妈会直接跟老师请假，带我翘课出去兜风……

我想说高三最好的状态，并不是你刷了多少道题，学习了多少个小时不眠不休，而是有一个好的心态，保持自己的节奏，不徐不疾，走的每一步都有意义。缓解压力的方法有很多，听歌、和朋友聊天、跑步都不错，不要觉得这是浪费时间，这也是高三很重要的一环，一个好的心态真的能改变一个人的状态！

古人云："不如意事常八九。"没有谁的人生是一帆风顺的，总会遇到这样或那样的困境。高考是很多高中学生，特别是高三学生人生中最大的压力，这时候的压力往往是有意义的，它可以让我们调动更多的心理能量来积极应对这件事，重视压力才能取得更好的成绩。

压力可以磨炼我们的意志，战胜压力带来的困境，会让人获得成就感和满足感，是对一个人品格的修炼。

同时，压力也能够让我们自觉地提升能力来更好地应对压力情境。既然压力必不可少，那么作为家长，就需要帮助孩子识别压力、面对压力和应对压力。

你可以这样做

我们要看到孩子正在承受的压力，虽然有的孩子表面风平浪静，但他的内心可能已经波涛汹涌。所以，对高压状态下的孩子，家长要学会给孩子"降压"，而不是"加压"。

如果高三的孩子沉默寡言，说明孩子背负着沉重的压力。这时家长可以和孩子聊一些轻松的话题。

要相信孩子有自己的节奏。在学习上，如果我们不能给出实质性的帮助，就要学会安静，孩子不需要一个什么都不懂的人来指手画脚。

帮助孩子营造一个整洁有序的学习环境，督促孩子分门别类地放置各种教材、辅导材料、笔记本和试卷。杂乱无章的环境不仅浪费时间，消耗精力，还会影响情绪。

帮助孩子养成健康的休息方式，比如阅读、运动等，不必强制性地要求孩子绝对不能上网、不能看电视。但是，如果孩子自制力比较差，家长可以进行必要的监督、约束和提醒。

心事重重的莹莹

莹莹今年17岁，在重点高中读高一。开学已经两个月了，在最近的一次年级测试中，莹莹的成绩不太理想。

成绩排行榜
阿明242名
强强243名
小帅244名
莹莹245名

在外人看来，莹莹的性格虽然开朗，但总像有心事一样。莹莹的爸爸妈妈在她很小的时候就带她离开了故乡，来到这座城市。虽然爸爸妈妈的文化程度都不高，但对莹莹的学习十分上心，她在学习上也很努力。

莹莹，爸爸妈妈文化不高，你一定要好好学习呀！

初中时，莹莹极少像其他同学那样经常出去玩儿，同学邀请她时，她也总是推托，她害怕爸爸妈妈觉得自己学坏了。几次下来，周围的朋友和同学也逐渐有意地疏远了莹莹，虽然她真的很想跟同学们一起去玩儿，但想到爸爸妈妈看到自己努力学习时欣慰的表情，莹莹总觉得自己要继续努力，不能分心。

莹莹，周末要不要和我们一起去游乐园？

不了，我周末还有事。

　　起初，莹莹觉得这是爸爸妈妈对自己的殷殷期望，自己一定要让他们满意，可随着课业负担越来越重、越来越难，她也感到越来越孤单，各种烦心事袭来，她快承受不住了。莹莹不敢和父母倾诉，怕他们会对自己失望，身边也没有能说心里话的朋友，莹莹愈发觉得父母的鼓励和期待变成了巨大的压力，让她喘不过气来。

　　莹莹因为中考超常发挥才进入了这所载誉无数的重点高中，但身边的同学都太优秀了，他们的话题她永远跟不上，学习上大家也都你追我赶，同学们的乐观积极反而显得莹莹很渺小、很透明。

　　晚饭时，妈妈说："我家莹莹真厉害！"这本来是一句鼓励的话，但落在莹莹耳朵里，却变得格外刺耳，她真的很想告诉爸爸妈妈，自己没有他们想的那么优秀，可看到父母操劳的样子，莹莹又把这些话憋了回去……

心理学研究表明：家长对孩子过高的期望会给孩子的成长带来极大的风险。

每个家长都望子成龙，希望自己的孩子能够更加优秀。但父母的认知和视野往往把"成功"与学业成绩直接画等号，似乎只有学业的表现才是评价成功与否的唯一标准。这就使得成长中的青少年因内化父母的期待给自己套上学业上的"紧箍咒"，只紧盯着自己的成绩，忽视了人格培养的其他方面。

珍妮·艾里姆说："孩子身上存在缺点并不可怕，可怕的是作为孩子人生领路人的父母缺乏正确的家教观念。"

你可以这样做

 家长要反思，在提升孩子成绩这件事上，我们的做法对孩子来说是加分项还是减分项？不要一味凭借自己的"我以为"给孩子施加压力。

 在向孩子传达我们对他们学业期待的同时，也要关注孩子的情绪、人格、人际等方面的全面发展，鼓励孩子重视与同伴的交往，这也是孩子未来发展的重要环节。

 关注孩子的心理需要，教会孩子减压的方法，如运动、听歌、做家务、写日记等，帮助孩子建立更多宣泄情绪的健康途径。

 对孩子的夸赞不要仅局限于学业成绩，要看到孩子的努力和变化，要具体表扬孩子的行为变化而不是停留在"你真棒""你真厉害"等空洞的内容上，否则易给孩子带来更大的压力。

压力山大的学霸

小天是一名初三学生，他即将面临人生中的第一次大考：中考。他是老师们眼中品学兼优的好学生，在别人眼中，成绩优异的他一定可以考上重点高中。

但小天自己却十分担心，他每天熬夜学习，焦虑得睡不着，总是担心自己考不好，没办法成为老师、同学、家长理想中的那个他。于是，他夜夜失眠，白天在学校总昏昏欲睡，无精打采。

直到有一天，老师发现了小天的异常，问他怎么了，为什么没精神？

小天跟老师说了自己的焦虑，并告诉老师，他其实没有大家想的那么优秀，他压力很大，担心自己中考无法考出理想的成绩。父母、老师的鼓励在无形中给了他很大压力，这些压力让他喘不过来气。他担心自己无法实现他们的期望，只能逼着自己不断刷题，在模拟考试中争取得高分，但他近期的考试成绩并不理想。

尽管老师安慰小天，成绩的起伏很正常，但他明白，这并不是意外，他的状态每况愈下。小天不敢跟老师和家长说，同学们也不会理解他们眼中的"学霸"怎么会有压力，他只能自己消化这些负面情绪。

心理咨询师有话说

压力是由某种刺激性事件或外界环境引发的一种主观感受。压力并不取决于事情本身，而在于个体对事件的评估，如中考这样的重要考试，很多同学会产生超过自己承受能力的压力感受，进而产生绝望感和无助感。

压力并不总是消极的，适度的压力可以调动孩子全身的资源，使孩子注意力集中、思维敏捷、情绪适度唤起，做好应对压力的"战斗准备"。

但是，如果压力持续存在，身体一直处于"战斗姿态"，就会造成肌肉紧张、机体紊乱，甚至导致机体资源耗竭。这时候，认知行为就会产生负作用，如注意力下降、记忆减退、思维阻塞；情绪上也会出现紧张、焦虑、烦恼、不安等状态，严重影响孩子身心健康。

你可以这样做

适度的压力可以提升孩子对考试本身的重视，调动更多的资源应对考试。面对毫无压力的孩子，家长要增强其对考试的认识。

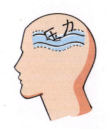

告诉孩子，人的认知资源是有限的，当大脑逐渐被压力侵蚀或占据时，我们用于关注某项活动或问题的认知带宽就会变窄，解决问题的能力也会被削弱，变得反应迟钝、思考受限。

家长可以教孩子一些释放压力的途径和办法，比如增加运动量、培养兴趣爱好等，使压力通过其他途径进行转化。

引导孩子把注意力集中于当下，不去纠结已经发生的遗憾，也不要担忧未来的不确定性，全神贯注做好当下的每一件事，不让无谓的内耗占用大脑的"CPU"。

与其一直担忧结果，不如从一件容易的事情入手，让自己慢慢进入状态，比如从背一个简单的单词、做一道不难的数学题、记住一个化学公式做起，让每一次微小的进步给自己积极的回应，逐步积累成就感和满足感。

你真的了解孩子的性格吗？

——人格塑造与心理健康

不美好的宿舍生活

　　李菲刚上高中，读的是一所寄宿学校。她自幼比较内向，不喜欢表达自己的想法，也没有体验过宿舍生活。

　　开学之后，大家逐渐熟悉起来，只有李菲跟大家的关系依旧有点儿陌生，室友们在宿舍里说说笑笑的时候她也插不进话题，大家一起外出游玩时，她也总是默默跟着的那一个。看到大家成群结队，李菲难免会感到有些孤独，但是又不知道怎样与同学们打成一片。

　　李菲从小不愿意花时间在社交上，现在当她想跟大家相处时，她从不愿社交变成了不会社交。李菲甚至在人多的时候不好意思说话，担心自己说的话大家不喜欢或者不感兴趣。形单影只的校园生活让李菲想念在家的日子，所以经常在夜晚偷偷哭泣，这样的校园生活让她喘不过气。

　　除此之外，还有一个问题也一直困扰着李菲，因为她平时比较老实本分，其他室友经常会请她帮忙带饭或者做些别的事情，她也不好意思拒绝。偶尔几次李菲还可以接受，毕竟室友之间互相帮忙是应该的。

　　但时间久了，大家好像认为让李菲帮忙是理所应当的，甚至有时候会列出一个清单，让她逐项去买，这让李菲感到很不舒服。她的不会拒绝让大家无所顾忌地"使唤"她，可碍于情面，李菲还是不敢拒绝，怕大家认为她不好相处。

　　种种问题让李菲觉得校园生活并不美好，她开始讨厌这样的生活，更讨厌这样的自己。她想做出改变，可是自己就是这样的性格，想要改变很难，但是不改变就会一直内耗下去。越是这样，李菲就越觉得自己不配拥有朋友，不配被人喜欢，不配得到别人真心的对待和尊重，她该怎么办呢？

　　心理学上，一般把性格看作是个体对现实稳定的态度以及习惯化的行为方式。性格的养成除了先天生物性因素以外，更多的是由后天的生活环境、父母的教养方式以及受教育的程度等因素共同决定的。

　　其中，家庭因素影响最大，包括父母本身的性格特点。有的父母本身就是性格内向、不善言辞的，家庭中的互动就不那么紧密，孩子易形成少言寡语等特点。父母的性格稳定程度也对孩子的性格养成有很大影响，如果父母中有一个人性格不稳定，爱发脾气，孩子性格暴躁的概率就比父母都性格平和的家庭养育的孩子高很多。

民主型　　忽视型　　权威型　溺爱型

　　另外，家庭的教养方式有民主型、忽视型、权威型和溺爱型，这些教养方式会培养出不同性格特点的孩子。

你可以这样做

家长要意识到，自己是培养孩子性格的第一责任人，不仅要为孩子提供物质上的"养"，更要提供精神层面的"育"，引导孩子优化性格。

家长要以身作则，管理好自己的情绪，保持理性平和，为孩子提供充分的安全感和爱。

家长要营造良好的家庭氛围，家庭成员间彼此尊重、团结友爱，让孩子能够在家庭中获得滋养，有信心和胆量探索外面的世界。

在家庭中，家长要做好榜样示范作用，秉持"己所不欲，勿施于人"，严格要求孩子的事情自己首先要做到，愿意和孩子一同成长。

怎么才能让妈妈满意

静静，人如其名，是一个很安静的女生。她的家庭很普通，父母都是收入平平的职工，所以他们把更多的期望都给了静静。

妈妈会给她做有营养的饭菜，哪怕这些食物是静静最不爱吃的，她也不敢拒绝，因为她怕妈妈说她不知感恩，只能默默吃掉这些来自妈妈的"关怀"。

你知不知道这些东西多贵，要不是为了你，我哪舍得买？

从静静记事开始，每次父母发生矛盾，她听到妈妈说得最多的就是"不离婚都是为了她"。这句话把母亲受苦的罪名全部压到了年幼的静静身上。

要不是因为你，我早就和你爸爸离婚了。

　　小时候的静静活泼开朗，总想和妈妈分享学校的趣事，可才说了几句，就会被妈妈以"有时间多学习"这类的话打断，慢慢地，她的分享欲便消失了。

> 妈妈，今天发生了一件有趣的事。

> 你有这时间不如多去看看书。学习不好，以后想笑都笑不出来。

　　静静觉得自己只有学习才能让妈妈开心，所以她也努力过，可当繁重的学习任务和压力汇聚到一起的时候，静静觉得压抑、焦虑，但是妈妈却不理解。当静静通过努力考到班级前五名的时候，她满心欢喜地拿成绩单给妈妈看，却换来一句："这就骄傲了？有本事考到全校第一。"

> 这就骄傲了？有本事考到全校第一。

　　长久的打压让静静的内心变得越来越脆弱，她开始变得沉默、敏感，仿佛只有沉默才能带给她安全感。静静很痛苦，为什么自己的妈妈和别人的妈妈不一样？为什么别的同学可以自由地打扮自己，而自己只是想买一件漂亮的衣服，就会被妈妈说成没把心思放在学习上？为什么自己为了给妈妈过生日练习了很久的歌曲，最后只换来妈妈的否定和挑剔？

> 我怎么才能让妈妈满意呢？

心理咨询师有话说

家庭作为一个社会单位，在孩子的成长中发挥着无可替代的作用。家庭对孩子的影响包括性格塑造、认知思维水平、情绪行为表现等。父母的言行会直接决定孩子对这个世界以及对自己的看法，如自己是否被这个世界欢迎，自己是否值得被爱等。

　　父母是一个终身的职业，可是我们并没有岗前培训，都是"无证上岗"，很多父母觉得自己对孩子满腔爱意，殊不知这些"爱"才是带给孩子最大的伤害。

　　父母长期的挑剔和批评会让孩子自卑、自我否定；父母之间的矛盾如果强加在孩子身上，就会让孩子觉得一切都是自己的错，变得厌弃自己；父母只看到孩子的成绩，就会让孩子觉得自己的需要、真实的感受都不值得被看见，习惯压抑自我……所以，培养健康优秀的孩子，需要父母不断地学习，和孩子共同进步。

你可以这样做

父母要意识到，想要养育一个优秀的孩子，仅凭借自己对孩子的爱远远不够，还要掌握科学的方法，了解孩子的身心发展特点。

父母对孩子的爱应该以分离为目的，我们培养孩子的目的是为了有一天他们能够独立生活。所以，父母不应该只看到孩子的学习成绩，更要全面培养孩子德、智、体、美、劳等多种能力，适应未来社会的发展。

家长应守好情绪边界，不要把自己的情绪传导给孩子，让孩子背负沉重的家庭负担。只有这样，才能让孩子专注于自己的学业。

不要把自己的期望强加给孩子，尊重孩子作为独立个体的心理需要。同时，给孩子提供情绪支持，让他们有足够的安全感和归属感。

营造和睦融洽的家庭氛围，让孩子在家庭中身心放松，避免由家庭产生的压力叠加学业、情绪压力，导致孩子出现心理问题。

李华的改变

李华今年14岁，是个性格内向的女生，每次跟妈妈出门或者家里来客人的时候，她都不好意思说话。

李华非常想跟同龄人交朋友，但是又不知道应该怎样做，每次遇到同龄的人她都会低下头，默不作声。久而久之，李华一个朋友也没有。每次上学的时候，看见成群结队的同学在一起玩耍，她都非常羡慕。

如果有同学主动和李华说话，她会特别高兴，想要和对方多说几句，但又觉得害羞，不敢把话题继续下去，所以每次聊天都草草结束。大家都认为李华是一个高冷、不愿意与人接触的人。

李华不敢把这个困扰告诉爸爸妈妈。直到有一天，家里来了一个亲戚，带着一个跟她同龄的孩子——玲玲。玲玲非常爱说话，见到谁都能聊上几句。

起初，李华还有些不适应玲玲的热情，不知道该说些什么。可随着玲玲不断制造话题，她们越聊越开心，话题也越来越多，李华慢慢放开了自己。直到晚上玲玲离开后，李华还非常兴奋，久久不能入眠。原来，和朋友还可以这样聊天，有这么多的话题，真是太有趣了。

从那以后，李华改变了，她开始勇敢地加入同学们的话题，试着表达自己的观点。渐渐地，她的朋友多了起来，同学们也越来越喜欢她了。

每个孩子都会有先天的性格特点，这是由生物遗传因素决定的，没有好坏之分。但进入青春期后，孩子开始了对自我的探索，开始想进一步了解自己是什么样子的，也希望得到同伴的反馈，产生对同伴交往的需要。

对一个天生比较害羞、内向的孩子来说，小时候没有太多与人交往的经验，所以不一定能够掌握人际交往的技巧，在人群中容易表现出疏离、孤僻、自卑等倾向。

这时候，就需要我们引导孩子学习人际交往的技巧，提升孩子的人际互动能力，多鼓励孩子与同龄人相处，在交流中相互学习。

你可以这样做

1 　　家长要了解孩子的性格特点。要知道，孩子身上深深地刻着父母，甚至家族的印记，所以不管孩子是什么样的性格，父母都要学会接纳孩子本来的样子。

2 　　家长要结合孩子的性格特点，给予适当的引导，比如孩子性格外向，就要引导孩子尊重他人，与人为善，不能侵犯他人的边界；如果孩子性格内向，则要鼓励他勇敢地融入集体，表达自我。

3 　　可以和孩子进行平等交流，聊聊自己小时候关于性格的困惑，增进亲子关系，这样可以让孩子更愿意在遇到困惑时主动向家长求助。

4 　　不拿其他人的优点与自己孩子的不足进行比较。每个孩子都有自己的特点，不评价、不比较是对孩子最大的尊重；否则，极易让孩子产生不满和愤怒的情绪，引发亲子矛盾。

5 　　作为家长，也要完善自己的性格，保持情绪平和稳定，从容地接受孩子的质疑并改正错误。鼓励孩子与他人交往，自己也要与人为善，起到表率示范作用，与孩子共同成长。

讨好型人格

　　小优是个非常优秀的女孩儿，聪明伶俐，成绩一直名列前茅。因为父母都在外地工作，小优从小就住在姑姑家。虽然姑姑一家对小优很好，但是她总有一种寄人篱下的感觉，这让她的性格变得敏感多疑，十分腼腆，不擅长社交。

小优，姑姑今天给你包饺子吃，好不好？

好，谢谢姑姑。

　　小优这样的性格和并不出众的相貌让她在班级里没有几个朋友，好在她的成绩很好，老师会经常鼓励她。小学三年级的时候，小优的父母换了工作，回到家里，她也重新回到了父母身边。小优和父母很长时间没有见面了，非常渴望父母的关心和肯定。

爸爸妈妈终于回来了！我要好好表现！

　　但父母觉得她性格过于内向，责备她在学校人缘不好。为了让父母满意，小优只好违背自己的意愿去主动社交。但她并不像别人那样会同朋友交往，也没有人告诉她应该怎么做。于是，小优只能通过迎合和讨好朋友来试图留住他们。

好的，妈妈，我会多交朋友的。

你怎么这么内向？应该多交朋友。

　　小优花钱送朋友礼物，任劳任怨地帮他们做各种事情，忍受他们对自己发脾气。久而久之，这种做法成了习惯，加上她小时候寄人篱下的经历，便形成了讨好型人格。小优虽然聪明，但由于长期的精神内耗，使得她在学习上的精力变少，成绩开始下滑。

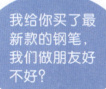

　　小优的父母对此非常不满意，但他们没有正向引导她，反而斥责她，加重她的压力。渐渐地，小优开始找不到生活的意义，只知道按照父母的话去做，一味讨好别人，假装自己有很多朋友，努力取得让父母满意的成绩。

　　小优有很多烦恼想要倾诉，但她的朋友是假的，他们不愿意浪费时间听她诉说；父母每天对她只有指责和批评，她好像永远也无法让他们满意……

心理咨询师有话说

瑞士心理学家卡尔·荣格说："一个人终其一生的努力就是在整合他自童年时代起就已经形成的性格。"

敏感多思

害怕别人的失望

　　小优因为童年与父母分离的经历，让她觉得只有自己变好、变乖才能获得父母的关爱，形成了向内的归因；特别是当她遇到挫折和失败的时候，总觉得是自己做得不够好，逐渐形成了讨好型的人格。

　　一味以满足他人的需求为动力，忽视自己的内在需要；压抑自己的情绪和感受，害怕与他人产生冲突与摩擦，委曲求全，不会拒绝他人的要求，没有自己的边界和底线；甚至习惯通过自己的道歉来保持与他人的和谐关系，这种长久的压抑会影响一个人的自我评价，进而影响心理健康。

你可以这样做

家长需要意识到，孩子形成讨好型人格的原因很大程度上与家庭教育有关，所以要先反省自己哪里做得不够好。

孩子生命早期的经历是他们未来生活的底色，是否有充足的安全感和爱决定了孩子长大后对待世界的态度。如果没有得到父母无条件的爱，就会让孩子变得敏感，他们会小心翼翼地观察周围人的情绪，不敢表现自我。

家长需要引导孩子接纳自己的不完美，任何人都不可能做到绝对的完美，也没有必要追求完美，不管我们怎么努力，都不可能获得所有人的喜爱。

教会孩子，在违背自己意愿的时候，停下来做两次深呼吸，问问自己真实的想法是什么，然后勇敢地按照自己的想法行事。当你想附和别人意见的时候，可以试试新的行为方式，比如说"不"，或者直接说出你的想法。

学会稳定自己的情绪

小红是一名18岁的高三学生，面对即将到来的高考，她没有出现过特别焦虑的情况，反而状态很好，有自己的节奏，不骄不躁，和身边的同学也都相处得很好。

在小红小学、初中的时候，她并不是这样的。那时的小红性格让人捉摸不透，她可以和身边的人打成一片，为人友好，让人感觉她是一个性格活泼、开朗大方的女孩子；但有时候，她又会因为一点儿小事对同学恶语相向，斤斤计较；或者突然不想说话，对人爱搭不理。如此多变的性格小红自己也搞不懂，有时她也会反思和懊悔，但在懊悔之后还是会重蹈覆辙。

小红的爸爸是个脾气暴躁的人，经常莫名其妙地对她和妈妈发脾气。但有时爸爸也很宠她，她想买什么、吃什么，爸爸都会满足她。可能是因为受到爸爸潜移默化的影响，她的性格也很善变，两极化很明显。

高中以后，小红接触了很多塑造性格、管理情绪的心理学书籍，她觉得自己这样不稳定的性格很不好，于是开始有意识地尝试改变。

这样不行，我要改变自己的性格。

小红的改变很快得到了老师和同学的积极反馈，他们都夸奖她性格好、情商高。小红和同学发生的冲突越来越少，情绪越来越稳定，和同学交往时既能表达自己的需要，也能照顾他人的想法；学习上她也逐渐试着不在意别人的看法，调整自己的节奏，按部就班地努力学习。

谢谢！

小红的性格越来越好啦！

最惊喜的是，在小红的带动下，爸爸似乎也有所感悟，现在也在努力管理自己的情绪，不再乱发脾气，一家人变得其乐融融。小红对自己的变化很满意，她觉得只要自己肯努力，每个人的性格都可以变得越来越好。

爸爸也要向小红学习，不乱发脾气。

心理咨询师有话说

人的性格是在先天生物学的基础上，与后天环境因素相互作用下形成的。青少年阶段是一个人性格的塑形期，人格结构尚未稳定，受环境影响较大，包括家庭环境、学校环境、社会环境等。

小红受到家庭环境中父亲的影响，表现出多变、两极化等特点，这一特点让她在小学和初中阶段不受欢迎。

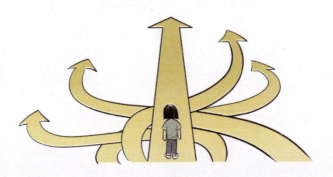

随着认知水平以及知识能力的提高，小红开始自我觉察、自我修正，逐渐完善自己的性格，让自己朝更加积极的方向发展，而这种发展也得到了外部的积极反馈，进一步促进其人格的完善。

你可以这样做

家长要了解，孩子性格的形成并不完全取决于先天遗传，从某种程度来讲，后天环境的塑造更为关键。

家庭是孩子出生后的第一个环境因素，家长本身的性格特点对孩子的影响最大，所以家长要有意识地完善自我性格。

青春期阶段是孩子性格调整的关键期，这一时期要着重引导孩子培养和完善自己的性格，与人为善、自信独立、理性平和等。

家长要持续学习，既要规范孩子的行为，又要关注孩子的情感需要，以民主型的家庭教养方式为孩子的性格养成助力。

良好和谐的家庭氛围是青少年健康性格养成的必要条件。所以，维护亲密的夫妻关系，让孩子感觉家的稳定支持，维护孩子的安全感，也是每一对父母应该做的。

你的家是孩子的港湾吗？

——家庭关系与心理健康

小超变"坏"了

小超是一个听话、懂事、开朗的男孩儿。可自打他步入高中后，却发生了一些变化。

高中与初中不同，每个月都有月考，学业也更加繁重。同学们从高一开始就要为高考做准备，与初中相比，老师和家长更看重成绩。

今天的作业好多呀！

高一时，小超在班级里名列前茅。可是他的妈妈似乎总是不满意，每次总能挑出小超的毛病。

为什么选择题会错这么多？

学生就该学习，不要总出去跟同学打球！

你在年级组的排名为什么会排到50名以外？

有一次，小超考了班级第一，他很高兴，可妈妈却说："考得还不错，如果下次能考年级第一就更好了。"小超很烦恼，他觉得天天学习真的很累，所以想趁空闲时间出去放松一下。班级里有一些活跃的同学，小超经常跟他们一起打球，慢慢地，他们成了好朋友。

好，接着！

小超，传球给我！

有一次休息，他们一起出去玩儿，从早上一直玩儿到晚上八点多。所有人都非常开心，在学校紧绷的神经也放松了下来。可当小超回家后，迎接他的却是妈妈怒气冲冲的脸。

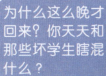

为什么这么晚才回来？你天天和那些坏学生瞎混什么？

我没有瞎混，他们也不是坏学生。

这是小超第一次和妈妈顶嘴，妈妈很生气。从那之后，小超似乎"变坏"了，学会了和父母顶嘴，成绩也一路下滑，从班级的前几名掉到了中游。此时，妈妈还没有意识到自己的问题，她跑去找老师，希望老师能更加严格地要求小超。小超很不解，父母为什么不能理解他，看不到他的努力呢？

放心吧，小超妈妈。

老师，在学校麻烦您帮我看着点儿小超。

孩子的成长并不仅仅表现在学业上，在青春期阶段，与学业发展同等重要的是心理发展，这一阶段的孩子特别在意父母对自己的评价。

如果只用成绩这一单一维度来衡量孩子，就会让孩子觉得自己不被爱、不被接纳，不能成为真实的自己，也不被允许表达自己真实的需求。

有的孩子甚至会认为自己是一个"工具人"，并因此陷入自我否定和自我批判中，影响孩子对待世界的态度及人际关系。

你可以这样做

身心健康是培养孩子的第一要务，一个身心健康的孩子才有能力去应对未来的挫折与风雨。反之，一味强调成绩而忽视其他方面的培养，即使成绩优异也很有可能无法适应社会。

家长是孩子最信任的人，家长对待孩子的态度决定了孩子对自我评价的态度。如果家长忽视孩子的需求和情感，孩子就会认为自己的需求不重要，应该被压抑，久而久之，就会出现心理问题。

很多家长担心表扬会让孩子骄傲自满，所以总是把对孩子的爱藏在严肃的面孔和挑剔的嘴脸中，而这些隐藏的爱往往会使孩子缺爱、缺自信、缺认可，从而陷入深深的自卑中，这样的孩子长大后也很难幸福。

家长要看到孩子的努力和付出，并及时给予正面的肯定和认可，哪怕只是一些微不足道的进步，在家长的鼓励下也会让孩子产生进一步努力的动力，并因此收获成就感。

未来重要，还是我重要

 小博从小体质差，经常生病，但父母对他的要求却很严格。14 岁那年，小博读初二，他努力学习，希望在中考中取得好成绩。小博不明白努力的意义是什么，但是他知道，只有考上好高中，父母才会对他展露笑颜。

 没想到意外发生了，寒假时，小博在去补习班的路上摔伤了脚。他一边哭着，一边单腿蹦着回到家，父母看到小博的第一反应竟然是斥责他不小心，不仅耽误学习，还会影响中考体测。

 爸爸妈妈并没有带小博去医院检查，只是简单处理后便让他继续学习。小博失望极了，也委屈极了，只能自己躲在被窝儿里悄悄地哭。开学之后，小博的脚基本恢复了，但偶尔还会刺痛。小博跟父母说了几次，但换来的却只有抱怨和埋怨，渐渐地，他也不再提了。

初三是初中的关键期，小博没日没夜地备战中考，忽视了自己的身体，父母也没有关心。直到有次体育测试，小博的脚旧疾复发，班主任把他送到了医院，他才知道自己的脚再也恢复不了了，以前的伤没有及时治疗，以后也不能做剧烈运动了。小博心如死灰，可他的第一反应居然是自己的中考体育测试不能拿满分，父母会责备他。

你的脚很严重，可能再也好不了了。

真的吗？

老师建议他不要参加体育测试了，但小博却执意要参加。在他心中，脚伤得再严重，也没有父母对他劈头盖脸的责怪让他难受。体育测试那天，小博强忍着脚上的疼痛，撑着跑完了一千米。

脚好疼啊……但不完成体测，爸爸妈妈一定会怪我。

那天之后，父母才知道小博的伤原来这么严重，他再也不能好好走路了，但父母似乎也没有愧疚之意，只对小博说："脚已经残疾了，学习更要努力，以后才能有好生活。"从那以后，小博失去了表达欲，学习也没了动力，每天浑浑噩噩，终日都在思考："在父母的心里，是未来重要，还是我重要？"

我在爸爸妈妈的心里好像一点儿都不重要……

脚已经残疾了，学习更要特别好，以后才能有好生活。

诚然，每个父母都爱自己的孩子，而且他们会理所当然地认为，孩子会自然而然地感受到他们的爱，即使不说，孩子也应该知道；还有些父母担心自己过多地表达爱会让孩子骄傲、自满，只有严格要求、批评、指责，才能让孩子变得更好。

事实上，每个孩子都是从父母的眼中看见自己的样子的，如，我是否被世界欢迎？我是否是可爱的？我是否值得被爱？

所以，家长的态度会直接影响孩子的自我评价，进而影响他和世界的关系，是信任的、安全的；还是被挑剔的、危险的。

你可以这样做

让孩子感受到真实温暖的爱，而不是父母以为的爱。这种爱应该体现在生活的方方面面，而不是只停留在学习上。

每个人都渴望被尊重、被关心，就像我们在单位努力工作的时候希望被领导和同事认可一样，我们的孩子也需要，所以当孩子做得好时，一定不要吝啬你的赞美和欣赏。

爱在心里，也要在嘴上、在行动上。只有能够"触摸"到的爱，才能让孩子有更多的体验感和安全感，父母的爱奠定了孩子一生幸福的底色。

坚定地和你的孩子站在一起，即使需要迎接未来的风雨，也请你陪伴着孩子一起面对，给他力量和支持。一味打击和指责并不会让你的孩子更优秀，反而会让他更自卑。

多余的小意

　　小意今年15岁，她有一个4岁的弟弟。小意不喜欢弟弟，因为弟弟的出现完全打乱了她的生活：零食要分给弟弟，零花钱要分给弟弟，爸爸妈妈也要分给弟弟；她再也不是家里最小的孩子，她觉得爸爸妈妈更爱弟弟，家里的长辈也会给她灌输弟弟更重要的思想。

你弟弟以后是家里的顶梁柱，你以后就算是嫁人了，也要多帮着弟弟……

你以后不要考大学了，读那么多书有什么用？高中毕业就去上班，供你弟弟读书……

　　小意很讨厌他们说的这些话，完全不理解他们的想法。她想将自己的想法告诉爸爸妈妈，可是他们听完之后只会不耐烦。

他们也没说错呀！你让着弟弟怎么了？你怎么这么不懂事？

慢慢地，小意习惯了家里对弟弟的优待和对她的忽视。有一段时间，爸爸妈妈总是吵架，她很害怕他们吵架，也害怕他们会离婚。有一次，爸爸妈妈当着小意的面吵架，她害怕地缩在被子里。

小意听得心都碎了，她感觉自己是多余的，是不被爱的。后来，妈妈真的留下一封信走了，信上事无巨细地教小意如何照顾弟弟，还说她现在不和爸爸离婚都是因为弟弟，但是整封信上都没有一个关心小意的字。

小意心灰意冷，她以为自己早已习惯了被忽视，但当这样明显的区别对待摆在面前时，她还是被伤害到了。

心理咨询师有话说

在已经倡导男女平等一百余年的今天，很多家庭仍然受传统思想的影响，重男轻女。

在女孩儿的出生和成长过程中投以蔑视的眼光，减少家庭资源的投入等不公正的行为依然有很多，这会给孩子带来巨大的精神创伤和心理伤害。在孩子性格、价值观、对世界和人的认知等方面都会产生负面影响，包括人格塑造、人际关系、未来的婚恋观等。

重男轻女思想会导致一些女孩儿对自己的性别身份不认同，或者对男性厌恶、憎恨，让女孩儿产生深深的自卑以及"不配得"感。这些女孩儿在未来的生活中，处处被这种好像低人一等的感觉支配，很难活出自己的价值和风采。

你可以这样做

1 家长应摒弃重男轻女的思想。未来，也许你真正能依靠的是你的女儿。

2 每个孩子都应该是被祝福着来到这个世界的，父母只有给予孩子充分的爱，才能带给孩子充分的安全感，让他们有信心在未来面对风雨与挫折。不要因为自己的认知局限，让女儿一辈子不幸福。

3 偏爱儿子也不一定能让儿子心怀感恩，更有可能让他在溺爱中失去边界，这对一个孩子来说何尝不是一种伤害？所以，请平分你的爱，尊重每一个孩子，真正做对孩子有益的引导和教育。

4 问问自己，在成长中或者工作中，是否有被不公正地对待过？是否希望能够得到平等的机会？你的孩子也一样！

想离婚的妈妈

小林从小性格比较内向，敏感多疑。今年她17岁了，还有一年参加高考。就在这关键的时期，小林的家庭发生了一些不和谐的事，她的父母吵着要离婚，这让本就有高考压力的小林心情更加烦躁。

小林没什么朋友，也不知道应该和谁倾诉，更不好意思咨询老师和同学，但是她真的很想让父母和好，她害怕自己没有家，可是她能做什么呢？

怎么才能让爸爸妈妈不离婚呢？

小林父母的矛盾主要来自她的奶奶。小林的奶奶是个非常强势的农村老太太，她觉得自己的儿子之所以能在大城市立足都是自己的功劳，认为儿媳妇不劳而获，抢了自己的"胜利果实"。于是，多年来，奶奶处处针对小林的妈妈，经常挑拨小林爸爸妈妈的关系。

是我培养出了这么优秀的儿子！

　　小林的妈妈是个非常善良的人，对婆婆的百般挑剔能忍则忍，从不和婆婆正面冲突。她总希望自己的丈夫能站出来为自己说说话，可是小林的爸爸一方面受够了夹板气，一方面也想息事宁人，竟不顾自己的妻女跑去外地出差，一去就是好几年。小林的妈妈一个人撑起了这个家，每天都打好几份工来补贴家用，希望能给小林更好的生活。

　　即便这样，妈妈也没有换来奶奶的一句赞赏。小林的奶奶每天都在挑妈妈的刺，而且言语非常犀利，总是把"房子是他儿子买的"挂在嘴边，频繁制造矛盾指责小林的妈妈，说她不贤惠，不能留住小林的爸爸，害他们母子分离等。

　　小林的妈妈本不想理会，支撑她在这个家生活下去的唯一动力就是小林，无奈丈夫的不负责任，婆婆的咄咄逼人，一地鸡毛的现实生活终于让她忍无可忍，小林的妈妈坚定了离婚的决心。可现在正是小林人生的关键时期，妈妈不想让孩子分心，但是婆婆搅得家里鸡犬不宁，她只想尽快带着小林离开。

家是孩子成长的避风港，家庭的稳定和谐是一个人拥有安全感的必要条件。

温馨、有爱的家庭氛围能让孩子感受到自己被爱包围，心中充满安全感，性格开朗、有自信、情感丰富，懂得关心人、爱人，抗挫折能力也会更强。

紧张、高压的家庭氛围会让孩子长期处于紧张压抑之中，早早地背上沉重的压力，没有喘息的机会，常常想要逃离。心里的弦如果时刻处于紧绷状态，就会因失去弹性而极易断掉。案例中的小林，在这种家庭环境里，很难把注意力专注到自己的学习和成长中。

你可以这样做

很多家长认为，只要维持婚姻的形式就是对孩子的一种保护。可事实上，不良的家庭环境反而不利于孩子的身心发展，与其维持互相折磨的婚姻状态，不如好聚好散。

尊重孩子，不要欺骗孩子，把你们的真实情感状态用孩子能理解的语言告诉他们，用稳定的情绪疗愈自己和孩子，告诉孩子彼此分开后的状态，让孩子安心。告诉孩子，父母离婚只是换一种方式生活，不会影响爸爸妈妈对他的爱。

告诉孩子，父母分开并不是孩子的错，是父母之间的问题，与他无关，他依然可以爱爸爸妈妈，无需"站队"，也不用做任何取舍。

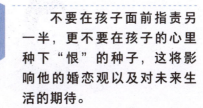

不要在孩子面前指责另一半，更不要在孩子的心里种下"恨"的种子，这将影响他的婚恋观以及对未来生活的期待。

辍学打工的小静

　　小静是一个普通农村家庭的孩子，今年16岁了。父母迫于生活和家庭的负担，不得不丢下自己的孩子，背井离乡去外地打工。小静、弟弟、妹妹和爷爷奶奶生活在一起，成了留守儿童中的一分子。

　　小静今年上高二，在镇上的一所公办高中上学，成绩很好，人也乖巧听话。但是，小静比较敏感，不太善于表达自己，也不愿意与人交流。可能是父母常年不在身边的原因，她甚至从没深切地感受过父母的爱。老师们很喜欢她，常常鼓励她要勇敢地表达自己，她也很喜欢学校和老师。

　　奶奶不喜欢小静的妈妈，经常在小静面前抱怨说他们三个孩子是累赘。久而久之，小静对奶奶产生了怨恨，压抑的情绪越积越多。看着身边辍学打工的同龄人有的过得很好，小静也萌生了这个念头。

高三上学期，小静终于在诸多压力下选择了辍学，一个人去外地打工。小静以为会像自己想的那样，安安心心地上班，下班后逛逛街、吃吃火锅、看看电影……然而，想象很美好，现实却很无奈。

我一定会过得比现在好！

她面试了很多工作，能做的自己不喜欢，自己喜欢的又不会做。小静在这个陌生的城市，忍受着孤独和无助，也曾经在夜里委屈地哭着睡去。即便这样，她还是咬紧牙关坚持了下来。

呜呜呜……

过了一个半月，一切都开始慢慢变好，小静找了一份打字员的工作，虽然赚钱不多，但可以解决自己的温饱。她结交了几个新朋友，也找到了让自己愉悦的方式，生活变得充实起来。但是，每每在路上看到与她擦肩而过的学生，小静都会心情起伏，满腹的羡慕与心酸。

真羡慕他们。

原本花儿一样的年纪，本该无忧无虑地坐在教室里读书，却不得已背负起家庭的重担。

　　家庭作为个体与社会的结合点，最基本的功能是满足家庭成员在生理、心理及社会方面各层次的基本需要，包括提供基本的物质保障和受教育的条件。很显然，故事中小静的家庭并没有完成这一功能。

　　另外，在家庭教育方面，婆媳之间的矛盾严重影响了孩子的心理发展，剥夺了孩子的安全感，导致孩子在自我意识上的偏差，出现了自我否定的倾向，只能选择打工赚钱来实现自己的价值。对一个孩子来说，其影响几乎是一生的。可见父母提供的家庭教育是教育中必不可少的环节，在孩子的成长过程中起着至关重要的作用。

你可以这样做

为人父母，既要"养"，也要"育"，不能将孩子扔给老人，自己一走了之。

家长应该端正家庭教育的态度，用发展的眼光看孩子，既不忽视孩子的心理需求，也不过分溺爱孩子，同时提高自身素养，以身作则。

积极解决家庭矛盾，不要把成年人之间的矛盾和冲突转嫁到孩子身上，保障孩子的身心健康发展。

帮助孩子慎重地规划未来，不要只看眼前的利益，更不要轻易放弃自己未来更多的可能性。

成为孩子坚强的后盾，给予物质和精神的双重支持。在孩子遇到困难时，能够站出来给他保护和指导。

你真的能够保护你的孩子吗？

——校园欺凌与心理健康

校园里的"恶魔"

梦瑶是个15岁的女孩儿，因为出生的时候先天兔唇，所以在学校经常受到同学的排挤和老师的区别对待。

因此，梦瑶从小十分内向，遇事怯懦，不敢开口为自己讨回公道。但没有反击的纵容让那些欺负她的同学更加放肆，欺凌的行为愈发过分。一次课间，梦瑶被几个男生合力抬起，丢入学校的人工湖中，水虽不深，但不会游泳的梦瑶被吓到了，她无法在水中站立，不断挣扎，男生们站在岸边看着自己的"杰作"哈哈大笑。梦瑶挣扎着爬上岸，又被推下水，反复多次。周围路过的同学不仅没有人出来制止，还有人把整个过程录成视频，发到网上。

视频在校园论坛上被小范围传播，陌生人的议论、同学的嘲讽及这群施暴者的讥笑像一把把刀刺进梦瑶的心里。这次的遭遇比起以往的冷嘲热讽严重得多，梦瑶无法再忍气吞声，她把这件事情告诉了父母和老师。

就是她，视频里太滑稽了。

她就是视频里的人吗？

爸爸妈妈只是简单地安慰了梦瑶几句，并反复叮嘱她要和同学友好相处，也答应她会去和老师谈一谈。老师表面上应和，可实际上却并不情愿帮梦瑶处理这样的问题。

爸爸，他们欺人太甚！

你要学会和同学好好相处。

梦瑶决定报警，当警方开始介入调查的时候，校方却希望不要把此事闹大，并给梦瑶的父母施压。这样的情况让梦瑶感到崩溃绝望，到底怎样才能保护自己？难道要一直忍气吞声下去吗？

咱们有话好好说，别把事情闹大呀！

校长放心，我回去说说她。

校园欺凌者的主体多为青少年，他们的价值观尚未形成，如果成长环境是一个通过暴力、冲突来沟通和解决日常矛盾的家庭，缺乏良好的教育和示范，他们就会习惯使用暴力去解决问题。

另外，与他们所表现出来的强硬的欺凌行为相反，欺凌者的内心往往自卑、脆弱，甚至正在经历着某些创伤、压力，他们选择把指向自我的攻击转向外部更弱的个体，以此逃避自己的负面情绪和感受；欺凌他人还会使欺凌者享受对他人的权力感和控制感，增强自我的存在意识。

对于另外很大一部分参与欺凌的青少年来说，他们一般都是希望在从众的行为中获得群体归属感，所以选择随大流。作为家长，在了解了欺凌者的心理因素后，可以有针对性地引导和教育孩子，既不要充当欺凌者和参与者，也要避免自己成为被欺凌者。

你可以这样做

家长要为孩子提供健康的成长环境，避免对孩子进行身体和精神上的伤害和虐待，同时关注孩子的心理成长。

教育孩子要尊重他人，不以大欺小、以强凌弱，学会站在他人的角度思考问题，用希望别人对待你的方式对待其他人。

给予孩子充分的家庭温暖，依恋的情感可以使孩子产生安全感，这样的孩子容易产生亲社会行为，他们对身边的人是友好的，会信任身边的朋友，不容易产生暴力。

对于被欺凌的孩子来说，我们要告诉孩子，沉默是不可取的，是"助纣为虐"的做法。不能总是被动挨打，连续受辱会导致暴力的不断升级。一旦有情况发生，应在确保自己安全的情况下向周围人寻求帮助，不要因为软弱或没有得到回应就放弃求助。

被压垮的张凝

张凝是一个15岁的女孩儿，天生容貌缺陷，平时性格孤僻，不愿与人交往，额头上留着又长又厚的刘海儿。她害怕面对人群，认为每一个人都在嘲笑自己的容貌。

同学们觉得张凝举止怪异，最初只是言语上的打趣，后来逐渐升级为辱骂，甚至恶作剧。对此，张凝选择了隐忍，她抱怨命运不公，每当看到镜子里的自己，都非常崩溃。张凝极度自卑，认为像自己这样的丑八怪活该被人嫌弃。

在家里，张凝是家中的长女，有一个比她小10岁的弟弟。两个月前，张凝牵着弟弟的手在楼下玩儿。玩耍时，楼上邻居家的花盆从阳台掉落，张凝抬头恰巧看到，出于本能的反应，她下意识地松开了牵着弟弟的手，躲到一旁，而弟弟被花盆砸中，进了医院。张凝十分愧疚，认为是自己没能保护好弟弟，却没想到被卷入了另一场风波。

事故发生时，目击者拍下了视频，并将剪辑过的视频发到了网上，网友发表了很多不好的评论，还有的人拿张凝的容貌缺陷说事。网络上一边倒地谴责张凝，还有人跑到学校去质问她，同学们听说后，更加排挤她。

被网暴加上长期的欺凌，使张凝陷入精神崩溃的边缘，她整夜失眠，神经衰弱，每到夜深人静的时候就忍不住哭泣。无穷无尽的自责把张凝压垮了，甚至多次产生了轻生的念头……

青春期阶段个体的身心发展尚未成熟，可能会面临很多成长中的心理危机，高涨的自我意识，使其格外关注相对稳定的自我概念和自我形象。

随着青少年的成长，他们受同伴和学校的影响越来越大，通过同伴群体间的相互作用，促成特有的青少年多元文化，其认知模式、思维方式及行为都会出现较大变化。正因如此，外界的消极评价与反馈也特别容易给这一阶段的孩子带来严重的心理冲击，产生焦虑、抑郁、自伤、自杀倾向等极端情绪与行为，应引起家长的重视，合理保护和引导青少年，帮助他们平稳地度过这一特殊阶段。

你可以这样做

家长要关注孩子的精神状态，当发现孩子出现焦虑、暴躁、抑郁等情绪，或是变得害怕与人交往，甚至变得缺乏自信、沉默寡言时，要询问孩子是否遭受了某种形式的欺凌。

被欺凌的孩子往往自我价值感较低，所以家长要有意识地在生活中引导孩子接纳自己，相信每个人都是独特的、有价值的个体，增强自信心。

家长要与孩子保持良好的沟通，鼓励孩子，积极参与并尽力支持孩子的成长，承担起家长的监管责任。一个健康、充满关爱、强调沟通的家庭环境能够降低孩子成为欺凌者或被欺凌者的可能性。

帮助孩子建立起社交适应性与情感韧性。家长可以鼓励孩子拓展他们的人际网络，培养他们与人交往的能力。告诉孩子，在遇到困难的时候，可以向伙伴寻求帮助和支持。

多花一些时间和孩子聊聊学习以外的事，倾听他们的感受，学会表达对孩子的尊重以及同理心，让孩子愿意在遭遇欺凌时向你求助。

体罚是为学生好吗

　　小轩今年12岁了，在10岁之前，他是一个阳光开朗、积极向上的男孩儿，可自从他转学到了新的学校，一切都变了。四年级时，因为家庭原因，小轩从农村来到了城市。到了新的学校，小轩既兴奋又担心，担心自己的成绩跟不上，他觉得以前的学校在农村，教学质量和城里比不了，虽然原来的成绩不错，但因为自卑，他总是把自己的内心封闭起来。

新学校环境真好，也不知道我的学习能不能跟上……

　　随着在新学校的学习和适应，他发现在学习方面，并没有自己想象得那么不堪。相反，因为优异的成绩，他得到了老师和同学们的认可。但是他仍然是一个形单影只的人，他害怕同学们嘲笑他"土"，因此，不敢表现自己，也越来越压抑自己。

我虽然成绩还行，可是同学们会不会嫌弃我"土"？

　　但是慢慢地，小轩觉得同学们都很友好，而老师却成了困扰他的压力源。班主任姜老师经常以各种名义体罚、侮辱学生，压榨班级同学的娱乐时间。

体育课取消了，这节课考试！

小轩的同桌令帅学习成绩不好，为了鞭策他，姜老师经常让他回答问题，但大多数情况下他都回答不出来。于是，老师就经常罚他蹲马步。当令帅的动作不标准时，姜老师还鼓动全班同学嘲笑他。

这样的待遇，小轩也没能幸免。有一次语文考试，小轩的成绩退步明显，姜老师当众念出他的名字，并让他去教室后排罚站。小轩十分害怕，整节语文课都心不在焉，老师提问他没回答上来，老师便罚他蹲马步。此刻，他体会到了同桌的感受，同学们嘲笑的目光让他面红耳赤。

下课时，姜老师经常拖堂，并且以安全为由，禁止学生在教室内跑动，严格限制学生的活动空间。更多时候，小轩只能坐在座位上，甚至前后桌交流都成了一种奢望。

小轩在这种压抑的氛围中学习了三年，期间受到了姜老师无数次的体罚和侮辱。他也尝试向父母控诉，换来的只是"老师是为了你好"。他已经麻木了，只能望着窗外发呆……

发生在学校校园内、学生上学或放学途中、学校的教育活动中，由老师、同学或校外人员蓄意滥用语言、躯体力量、网络、器械等，针对师生的生理、心理、名誉、权利、财产等实施的达到某种程度的侵害行为，都算是校园欺凌（暴力）。

老师对学生的体罚会给学生造成严重的心理影响，产生厌学、焦虑、自我否定等情绪，还会导致师生关系紧张，不利于"亲其师，信其道"。

上述行为也要引起家长的重视，家长要倾听孩子的心声，理解孩子的感受，必要时向有关部门反映，保护孩子的身心健康。

家长需要倾听孩子的诉说，不要轻视，或以"老师都是为你好"为由敷衍了事。

你可以这样做

弄清楚孩子受到老师体罚的具体情况，发生的频次以及时长，如果偶然因为表现不佳被老师责罚，就要做通孩子的工作，让孩子理解老师的行为；如果孩子是长时间、高频次地受到体罚，则要坚决站在孩子这边，与老师进行沟通。

如果孩子确实受到心理上的影响，甚至造成创伤，一定要理解孩子，给予强大的支撑，告诉孩子不要怕，自己会一直陪在他身边，然后向相关部门反映，涉嫌伤害的，要保留好证据。

不要轻描淡写，一笔带过，要让孩子感受到安全感和关爱，这会影响他们对自我的认知和评价，处理不当就会造成孩子严重的抑郁情绪。

被欺负的小盛

小盛今年13岁，在县里上初一，是一个外表黝黑、土生土长的农村男孩儿。他身材矮胖，看起来憨厚老实，有点儿内向，不太喜欢跟陌生人交流。

小盛家庭条件不好，爸妈常年在外打工，只有过年和暑假才能和他们相见。小盛从小便与爷爷奶奶生活，可他们需要整日在田里劳作，也很少有时间与他交流，所以他从小就不善言辞，特别害怕与人说话。上学前，小盛父母特意打电话跟小盛说要和同学处理好关系，好好学习，小盛敷衍地答应了。

一天，小盛不小心打翻了同学小A的文具盒。他特别害怕，因为小A以前经常欺负他，于是连忙向小A道歉，小A摇了摇手，看起来毫不在意地说没事。

下午放学时，小A说要带小盛去学校食堂后面逛逛，小盛想都没想就去了。结果，小盛被小A打了一顿，还让他以后小心点儿，小盛没敢说话，也没告诉任何人。

几天后的实践课上，老师进行了分组学习实践活动，小盛和小A被分在了一组。活动时，小A经常使唤小盛，把小盛当苦力，活动大部分任务都是小盛完成的，但最后他们的作品却被老师评判为不合格。小A气不过，下午放学时又将小盛打了一顿。

小盛回到家后一言不发，爷爷奶奶问了几遍，小盛都没回答，他们也没当回事。小盛内心很委屈，直到第二天早上都没跟爷爷奶奶说话。来到学校后，小盛在食堂接热水时，因为走神儿被热水烫伤了，但也没跟老师和同学提，一直强忍着。后来还是班主任发现了，联系了小盛的父母，小盛父母知道后既心疼又生气。

心理咨询师
有话说

小盛的父母和很多人一样，为了生计外出打工，用勤劳的双手赚取家庭收入，但他们的孩子却被留在了农村，与祖父母或外祖父母一起生活。这些孩子与父母相伴的时间少之又少，他们就这样成了留守儿童。

长期的亲情缺失和教育缺失导致留守儿童自卑、性格抑郁、喜欢自我封闭、不合群，一些孩子还会因此遭受校园欺凌。

留守儿童在日常生活中感受不到父母的关怀，遇到困难不能从父母那里得到情感的支持，久而久之，会使他们习惯压抑自我的情感，在人际关系中委曲求全，遇到伤害也不敢保护自己，捍卫自己的权利，继而引发严重的心理问题。

你可以这样做

家长要明白，对孩子，特别是成长中的青少年来说，父母在的地方才是家，所以家长要尽最大可能亲自抚育孩子。

如果不能做到把孩子带在身边，一定尽可能多地与孩子进行电话、视频沟通，关心孩子的情绪、心理需要，让孩子感受到父母的爱，不要训斥，更不要只强调学习。

节日或者孩子生日的时候，一定要精心准备礼物，不需要太贵重，但一定要花些心思，让孩子感到自己是被重视的。这礼物可以是一封信、一张卡片，也可以是一件孩子喜欢的玩具。

多与孩子进行精神交流，可以聊聊在外打工的趣事，还有遇到的不容易，让孩子理解父母的无奈，也让孩子能够体会父母的艰辛，从而激发孩子奋发图强的动力。

逃不掉的校园欺凌

小沁通过努力考上了当地很好的一所高中，性格开朗的她原本拥有一片光明的未来，但偶然有一天，她撞见几个人正在欺负一个女生，只因为多停留了几秒钟被这几个人注意到，小沁从此被卷入了漫长而无尽的校园欺凌中。小沁撞见的那个被欺凌的女生退学后，那几个欺凌者的目标就变成了她。

从那以后，小沁身上原本干净的衣服变得破烂，衣服下本该光滑的皮肤变得满是青紫和红肿交织的伤口，还有被烟头烫出来的疤。欺凌者还要求小沁去学校的小超市给他们买东西，花光身上所有的钱，然后当着小沁的面，再把东西全部扔掉。

　　这种身体和精神的双重折磨令小沁痛不欲生，可那又能怎样呢？只要有一点儿不让他们满意，他们便会对小沁拳打脚踢。小沁曾向老师举报过，但因为这些人的家里有钱有势，校园欺凌便被称为"同学之间的小打小闹"。小沁也曾向路过的同学发出过求救信号，但同学们都躲得远远的，生怕自己也被牵连；她也尝试在网络上发布求救的信息，但是看热闹的网友觉得她小题大做。小沁不敢告诉父母，怕让为生活奔波的他们更糟心。

　　外面阳光灿烂，只有穿着破烂的衣服，满身伤口的小沁与这灿烂的一切格格不入，她开始怀疑自己是不是真的有错。

　　这时，那几个欺凌者向她走来，脸上挂着灿烂又可怕的笑容。小沁知道，厕所里混着腥臭味和消毒水味的脏水又要泼在自己身上了，她麻木地被那几个人架着，拖向阴暗潮湿的厕所……

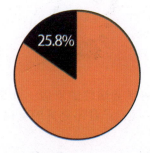

很多家长都觉得在学校受到排挤、对立、欺负，甚至被打、被勒索等事件不会发生在自己孩子身上；或者认为即使遇到，也只是小孩子之间的打闹，以后离他们远一点儿或者不与他们计较就没事了。

25.8%

可事实上，校园欺凌现象发生得比我们想象的要频繁、普遍得多。根据2017年的一项数据显示，中小学生受欺凌的发生率高达25.8%。

欺凌是指带有敌意使用攻击、威胁、强制等手段，令他人感到恐惧、控制他人的行为。这往往是一种习惯性行为，极有可能会反复发生。一旦孩子遭遇校园欺凌，可能会导致厌学、胆怯、焦虑等心理问题，同时还可能引起食欲下降、失眠、频繁做噩梦等生理问题，严重者还会引发轻生、厌世等情绪，所以，家长一定要重视。

你可以这样做

1 家长要关心孩子的情绪变化，如果出现长期的萎靡不振、胆小厌学等情况，一定要和孩子聊聊，重视孩子在学校遇到的问题。

2 关注孩子的学习用品和生活用品是否经常有被损坏的痕迹，身上是否有没来由的伤痕或淤青，如果发现此类现象，要及时与老师沟通。

3 教会孩子保护自己，学会大胆地对施暴者说"不"！平时在家里也要多鼓励孩子用语言表达自己的感受和想法，尊重孩子说"不"的权利。告诉孩子，要在被欺凌的第一时间，坚定而明确地用语言和手势表明自己的态度和立场，让欺凌者感到"哎，这人不好惹，还是算了吧"，避免孩子再次受到欺凌。

4 家长也要多与老师沟通，特别是在确切的知道孩子遭遇到欺凌后，一定要坚定地站出来与校方及对方家长交涉，给孩子依靠，让孩子心理上有安全感。

生命如此宝贵，孩子怎么不珍惜？

——生命教育与心理健康

渴望被爱的小璐

　　小璐在小学的时候是一个特别开朗、乐于助人、爱笑的小姑娘。那时，小璐的家庭很幸福，爸爸妈妈都非常疼爱她。但后来，小璐的父母离婚了，小璐跟着妈妈一起生活。

　　由于缺少父爱，母亲也为了撑起家里的开销不得不忙于工作，小璐的性格发生了很大变化，她变得越来越沉默寡言。为了弥补父母的缺席，她只能在别人身上寻找关爱，她结识了一些社会人士并与他们交往。小璐长期游走在这些社会人士身边，得到了些许关爱，但也一次次地被欺骗，辗转于各种各样比她年龄大好多的人身边。渐渐地，小璐也变得越来越麻木。

小璐，跟我们去玩儿啊！

好。

　　每天放学时总有社会人士在校门口等小璐。很快，周围的同学发现了这件事，开始对她指指点点，散播关于小璐的谣言。时间长了，这些谣言也传到了老师的耳朵里。

就是她，总跟那些校外人一起。

真的呀？肯定不是好学生，我们离她远点儿。

老师找到小璐，告诉她要自尊自爱，并将这些事告诉了她的妈妈。小璐的妈妈非常震惊，不敢相信自己乖巧、听话的女儿会做出这种事。回到家之后，妈妈质问小璐这些事是不是真的？小璐没有说话，也不知道该如何回答，但很想告诉妈妈她就是希望能有人爱自己。

老师说的是不是真的？

后来，谣言越传越离谱儿，小璐感觉大家都在对自己指指点点。班级活动中，同学们都有意无意地远离小璐；分组时，大家都会避开她；课间女生们聚在一起聊天，只有小璐孤独地坐在座位上。

别跟她一组。

小璐真的不知道该怎么办，感到非常绝望。她开始用利器伤害自己，一次、两次……从刚开始的怕疼到后来的麻木，伤口一次比一次大，直到有一次，她差点儿失去了生命，幸好被同学及时发现送去了医院。

我国，每年约有 10 万青少年死于自杀，平均每分钟就有 2 个人死于自杀，还有 8 个自杀未遂。

相信在很多爸爸妈妈眼里，这组数据非常触目惊心。青少年自杀离我们并不遥远，应该引起足够的重视。虽然自杀倾向中先天的生物学因素和后天的环境刺激因素各占一半，但是学业问题、家庭矛盾、自我厌弃、长期遭受欺凌产生的心理冲突等，已成为学生群体普遍存在的心理问题。

孩子的童年应该是无忧无虑的，不应该被这么多难以承受之重压迫着。长期生活在紧张、压抑、痛苦的状态下，会让个体难以感知生命的美好和意义，只想逃离现状，结束痛苦。在孩子有限的认知及互联网的负面作用下，孩子很可能走向极端。每个孩子都是闪闪发光且充满独特魅力的个体，需要家长、学校、社会共同呵护引导。除了满足孩子衣食住行等基本生存需要，更需要重视孩子的心理发展，培养他们成为热爱生活、敬畏生命的身心健康的人。

你可以这样做

家长要重视孩子的心理健康，当孩子想要向你倾诉他们的痛苦感受时，不要一味指责或者轻描淡写地忽视，一定要认真倾听，试着理解他们，让孩子感受到父母对他们的关注。

不要回避和孩子谈论令人感到痛苦的话题：孤立、恐惧、孤独、伤害、抑郁、绝望、焦虑以及自杀，要和孩子做好约定，无论发生什么事，都要第一时间向家长求助，不要冲动。

帮助孩子树立正确的价值观，可能他们想要结束的只是痛苦而非生命，结束痛苦的方式有很多，自杀绝不是最好的办法。

接纳孩子的负面情绪，如困惑、悲伤、愤怒、恐惧等，表明我们爱他们的全部，而非只有表现好的部分。告诉孩子，即使做错事，爸爸妈妈也永远爱你。

培养孩子的抗挫折能力，可以多放手让孩子去尝试。告诉孩子，失败了也没关系，爸爸妈妈会陪着你重新再来。

爱而不得的小雪

小雪今年17岁了，是一名高二学生。小雪长得不高，还有点儿胖，但这并不影响她对恋爱的憧憬。

小雪喜欢一个同校的男生，那个男生长得瘦瘦高高、白白净净，是很多女生暗恋的对象。小雪从其他人那里加到了那个男生的微信。从此，她对这个男生展开了猛烈的追求。每天下课，小雪都要跑到那个男生的班级窗口去看一眼他，有时还买饮料或者小零食放到男生的桌子上。

男生一开始还一头雾水，不知道是谁送的，跟同学们打听后才知道是小雪。小雪坚持不懈地去看那个男生，给他送东西，这让男生不堪其扰，他明确地告诉小雪他不喜欢她，让她不要再来找他了。

小雪十分伤心，整天都在胡思乱想：是不是因为自己长得不好看、长得胖，他才不喜欢自己的？小雪不甘心，还在想该如何去追求男生。

直到有一天，小雪看到自己喜欢的那个男生和其他女生在一起后，她彻底崩溃了。那个女生长得很小巧，瘦瘦的，脸蛋儿也非常精致。小雪陷入自卑中，开始在寝室里砸东西、辱骂同学，还患上了被迫害妄想症，胡思乱想，多疑多虑。

一天，在晚自习的课间休息时，小雪独自一人跑到隔壁的空教室，站在凳子上呆呆地看着楼下。此时，一名老师路过，见此情形，将小雪一把拉住，这才避免了一场悲剧的发生。

青春期是个体一生中心理变化最激烈的时期，最容易产生各种冲动和极端的行为，除了大家比较熟悉的家庭因素、情感问题、学业压力、人际紧张、网络影响外，还有一个容易被忽视的重要因素——精神或心理疾病。

案例中的小雪很显然已经出现了严重的心理问题。精神或心理疾病是导致自杀意念产生的直接因素之一，包括抑郁（特别是伴随着生物学因素的）、焦虑障碍、创伤后应激障碍等，很多家长往往没有这个意识，觉得自己已经为孩子提供了富足的物质条件，孩子怎么就不想活了呢？

甚至有些家长认为孩子只是吓唬人而已，殊不知孩子已经在精神或心理疾病的长期折磨下痛苦不堪，而自杀也许只是他们希望结束痛苦的一种方式而已。

家长要有意识地了解孩子的精神和心理状态，在发现异常表现时，可以带孩子去医院的心理科进行评估和诊断，也可以寻求心理咨询师的帮助。

你可以这样做

培养孩子积极健康的心理素质，不断提升内在的心理能量及抗挫折能力，这是预防心理危机的根本方法。家长也要教会孩子觉察自己的情绪状态，遇到痛苦的情绪无法自我缓解时，可以求助家人、老师或者专业的心理咨询师。

培养良好的亲子关系，尊重和信任孩子，特别是当孩子主动求助时，要重视孩子的情绪感受，不要置之不理，更不要讽刺挖苦，能够倾听孩子的心声。哪怕在成人看来微不足道的小事也随时有可能成为压倒孩子的"最后一根稻草"。

鼓励孩子多参加体育运动和文娱活动，有助于不良情绪的宣泄，培养兴趣和爱好，让孩子从多方面体会到自我价值感、成就感及满足感。